上州の風に吹かれて

〝気文〟学校3年C組

牛島光恵
石井喜久枝＝編

一莖書房

刊行にあたって

群馬県立伊勢崎女子高等学校昭和三十五年卒業3年C組。

私たちの高校時代は、一九五七（昭和三十二）年から一九六〇（昭和三十五）年でした。当時、良妻賢母を掲げた旧制高等女学校の雰囲気が残る学校に、若い先生達が新しい風を持ってきました。それはただのからっ風ではなく、気丈にそしてしなやかに生きるための酵素が潜んでいたようです。その風に吹かれた私たちでした。

卒業後すでに小半世紀が経ちました。教員（幼稚園から大学まで）、公務員、会社員、自営業、美容師、保育士、栄養士、看護師等の職業に就いた人、新しい働き方を創造した人、夫と共に起業した人、流されないで自分を持って生きた人などいろいろです。それぞれの場でしっかりと生きてきた姿には共通する何かがあります。そのキーワードは〝気丈〟です。理由は三つあります。

一つ目は、伊勢崎女子高等学校（以後伊女と記す）の校訓が「清明・和順・気丈」と〝気丈〟を謳っているからです。全国的に見ても〝気丈〟を校訓にしている学校は大変珍しいとのことです。

伊女は一九一五（大正四）年に町立伊勢崎実科高等女学校として開校しました。「地元の子女に女学校教育を」との地元の強い要望によって創立されたとのことです。一九二四（大正十三）年に県立伊勢崎女学校となり、昭和二十三年に新制の県立伊勢崎女子高等学校となりました。

その後、時代の流れの中で二〇〇五（平成十七）年女子教育九十年の歴史を閉じ、男女共学の全日制単位制高校「伊勢崎清明高等学校」として新しく出発しました。新校名は伊女の校訓「清明・和順・気丈」から採られました。

私達は九十年の歴史の丁度中間点に在学しました。そこには教育を真剣に模索する教師たちがいました。

二つ目は、群馬県は伝統的に女性の地位の高い土地柄だからです。

伊勢崎市は、かつて伊勢崎銘仙の産地として全国に名を知られた土地です。名高い〝上州名物かかあ天下と空っ風〟の土地柄でもあります。しかし土地の人は「かかあ天下」ではなく、「かかあ天下一」なのだと言います。

伝統的な養蚕や機織《はたお》りの技術は、大切な収入源となり、女性たちに力を与えました。上州の女性たちの多くは、養蚕の技術や複雑で繊細な織物の技を身につけていました。農業が暇になる冬場は女性達が機織りをして収入を得、夫達は当然のように子育てや買物などを行っていました。子どもをおんぶして買物をする男性の姿を当時はよく見かけたものです。赤城おろしが吹きすさぶ中、女性たちは力強く生きていました。しっかり者で気丈でした。発言権もしっかり持っていました。

このような女性たちを「天下一」と称えた男性達にも、またこだわりのないおおらかさを感じます。現在の男女共同参画社会の先駆的姿と言えるのではないかと思います。
三つ目は、クラスメイトの生き方が〝気丈〟だからです。二〇〇五年のクラス会での近況報告がきっかけとなってクラスメイトの生き方を改めて見たとき、それぞれが気丈に生きてきたことを実感しました。

校訓に〝気丈〟を掲げた学校で教育に真剣に取り組んだ先生方に出会い、〝かかあ天下一〟の風土に育まれた私達。その原点の一つにあの教室があったと思います。あの教室に吹いた風は、私達の奥深くに大切なものを届けてくれました。
本書は、五十年近く前に播かれた酵素が今どのように発酵したかの記録です。

牛島光恵

〈目　次〉

二章　四十五年前の生徒と先生　――クラス文集「雑草」から――

三章　それぞれの今

一章

教室に吹いた風

—座談会—

あのころ、あのとき

平成十七年十一月二十七日
桐生・カプリスにて

出席者　牛島光恵／金子洋子／小関雅乃
石井喜久枝／堤　靖子／斎藤草子

後藤先生の授業を中心にしての思い出を語り合いましょう、と集まりました。カプリスは先生のご子息が営まれているイタリア料理店で、先生の奥様の恵子さんの接待を受けながら司会者もなく、昼食をしながらおしゃべりし合ったものです。女６人寄ったものですから、それはにぎやかなことで途中途中、孫の話、草むしりの話、料理の話等が入るのですが、いつの間にか誰かれとなく本論にもどって、話がすすめられました。（Ｓ）

牛島　私は授業以外に、個人的にも後藤先生にとてもお世話になった。自宅まで訪ねて来てくださって、進学させてやって欲しいと、両親にお願いしてくれたこともある。

堤　私は喫茶店によく連れて行ってもらった。本屋をしていた時のこと。販売の力添えをいただいたりした。その時に先生は情のある人だ、と思った。

　皇太子が結婚するという時代だった。社会はマスコミに踊らされていて、ワァワァみんな浮かれていた。その時に先生は、「足元を見ろ、足元を見ろ」、とよく言っていたことを鮮明に覚えている。先生の歴史観というか、思想的に私はずいぶん影響されたという気がする。先生の存在がとても大きかった。

金子　私は原稿を書かずに、これを出そうと思ったの。これがすごいのよ！（映画を見た記録が、きれいな細かい字で書かれているノートを持参してみんなに見せる――22～23ページ参照）

全員　うわ！　まあ！（みんな驚き感心している）

金子　あるよ！「にあんちゃん」「南極探検」……。

堤　「にあんちゃん」は団体鑑賞だったでしょう。「森は生きている」「純愛物語」「九人の死刑囚」「菩提樹」「野ばら」「泥かぶら（演劇）」「ジャン・バルジャン」……ずいぶん観ているのね。

金子　週に一回は行っている。「大いなる旅路」等々。

石井　私も週一回くらい映画を見ていた。「また逢う日まで」「みだれ髪」……。

堤　なつかしいわね。時代がわかるわね。

石井　映画で文化を入れていたのね。

金子　斎藤さんも私と一緒に行っているわよ。「裸の太陽」―江原慎二郎、中原ひとみ、仲代達也も出ている。すごいねえ。

石井　先生が映画とか演劇とか見るようにと、よく言っていたのよね。

堤　そうだわね。あのころ講演に安部公房、村田為五郎……の話を聞いたわね。

石井　岡本太郎、望月衛。

斎藤　伊藤京子が来て歌ったことをよく覚えている。

石井　すごい、すごい！　いろいろな文化を発信してくれたのよね。文化の発信地だったのね。学校もそれに協力していたのよ。

牛島　目に見えない酵素のようなものが降りかかっていたのよね。

石井　そうそう。その酵素にみんな刺激を受けたのね。

牛島　校長先生にはだいぶ、叱られていたのではないかしら。

石井　でもね、島瀬誠一校長先生だったでしょう。東大出の、リベラルな。反対したり、やり合いはするけれど、度量をもっていた校長先生で、それをとおさせてくれた、と後藤先生が言っていた。

斎藤　静かな知的な威厳のある人と記憶している。

堤　そうね。そういう校長先生でなかったら、こんなすごい人たちを講演者として呼べなかったわね。

全員　そうねえ！

石井　お互いが学校の中で認め合っていたのね。

小関　お互いが認め合って、意見を言い合って……そこで何かが伸びるのね。

堤　みんな同じ意見では駄目なのよね。それでは伸びないのよね。

金子　そうそう。その時代は言い合えたのでしょうね。今はできないわね。できないわね……。（ワイワイガヤガヤ）

○

石井　すごく自由だったわよね。先生たちも若い先生が多かったのね。相談室みたいなものもあったと記憶している。Cクラスが相談室の掃除当番だった。そこは出入り自由で、いろいろな先生が入って来る。そこでいろいろな先生に質問したりして、後藤先生以外の、他の先生とも交流がすごくあった。

牛島　そう、ほんと。いろいろな先生たちにめんどうをみてもらったわね。授業だけでなくいろんな刺激があったのね。

石井　何かをやろうという意欲をもらったのね。

堤　そうねえ！

牛島　本を買いに行く時は、「まず古本屋を見るんだ」と言われた。

石井　自分の意志で何かをやったと思う。誰かにやれと言われてしたのではなかった。映画を見ることも本を読むことも、全て自分で選んだ。

それから「旅行へ行ったら、必ず本屋へ行って本を見る」と先生が言っていた。私も真似して、どこかへ行くと必ず本を一冊買って来るの。（みんな感心することしきり）

堤　これはちょっと面白い話なんだけれども、ある人が銀行に就職しようとして「推薦文を書いてほしい」、と先生に頼んだところ「書けない」と書いてくれなかったとのこと。お蔭でその人は、文化服装学院へ行ったのだと言っていた。

金子　先生らしいね。

堤　金子さんに私、言ったわね。「何で校長にならなかったの?……と。そしたら「私、後藤先生の教え子だもの、ならないよ」と答えたのよね。(大笑い)

金子　年度末になるとずいぶん言われた。私は、クラスが一番好きだから、クラスと関係なくなってしまうのは嫌だった。

先生の結婚式の時の私のことばを覚えている?

堤　「これでやっと私たちも安心して結婚できます」と言ったのよ。(大笑い)

牛島　新居にしょっちゅうお邪魔して、家の中をかきまわして、何かお料理を作ったりしていたわね。奥さんは残業で帰って来られなくて……。何か作って食べようみたいな。

○

堤　この間、妙義山に登ったのよ。鉄砲岩、今は鎖がない。どうしょうかと考えてしまったが、這いつくばればいいと言われて、這いつくばって登ったの。

金子　以前は三泊で、五年生を妙義山に連れて行ったのだけれど、今は二泊になってしまった。

石井　そういうのよくないよねえ。バスで行ってさっと帰って来てしまう。子どもは妙義山のような、危ないところが好きで面白いのに……。ああいうところに挑戦してうんと自信がつくのにね。

牛島 高校時代、どこかの山へ行ったわね。

石井 行ったわよ。松原湖へ行って、八ヶ岳へ登った。その時、後藤先生に叱られたことがある。トイレが汚いとか、水がどうのこうのと、ブツブツ言ったら、「こういうところへ来たら、こういうところの生活っていうものがあるんだ」って。

小関 夜中に懐中電灯を持って登ったでしょう。

牛島 二時頃起きて登ったのかしら。頂上で朝になった。

石井 頂上は寒かったわね。帰りのバスで何だか、うーんと名残惜しかったということを覚えている。高い山には登れないと思っていたのに、登れたからとても感動したの。

斎藤 自信がついたのね。

石井 そう、自信がついた。それからよ。私は木曽駒岳とか、いろいろな山に登り出したの。立山の剣岳にも登ったりした。

牛島 卒業前に佐古祥子さんの家へ泊まりに行ったでしょう。家がお寺でお堂に布団を敷いて寝たのを覚えている。

石井 休日に、高崎の観音山まで何人かで自転車で行ったことを覚えている？　私はすごいボロ自転車で……。いろんなことをしたよね。

牛島 受験勉強は学校でしたわね。

石井 そう、夏休みに学校へ行ったわよね。がらーんとした教室で勉強したのね。

牛島 一人一教室確保してね。どこが風通しがいいかと考えながらね。

石井　机を寄せ集めて、その上で昼寝をしたりしてね……。
牛島　そうそう。（笑）

○

斎藤　そろそろ、後藤先生の授業の思い出に……。
牛島　そうね。それぞれの断片を思い出せば、少し繋がってくるかしら。
石井　板書ね。細かい字で黒板の左側から書きはじめて、整然としていたわね。
堤　板書が、いつもきれいだったわ。そして授業が面白かった。
石井　私も授業が面白かった。
金子　私も板書がきれいだった、という印象がとても強い。
牛島　独特な字でね。
全員　そうそう。
小関　特徴のある丸っこい字でね。
　国宝などの建物、ああいうものを「ああ、すごいな」と今までは見ていたけれど、先生の授業を受けて、「この建物を作った人は偉い人ではなくて……」ということを、どこへ行っても考えるようになった。
　外国へ行っても作った人のことを考えてしまう。
堤　それは、やっぱり先生の「足元を見つめる」ということね。きちんと自分の目で見極めなくてはいけないと。
　例えば新聞に報道されていることが、ほんとうのことが書かれているか、そうでないか、事実でないことが書かれていることもある。
石井　そうね。記者の視点で書いてしまうということがある。うちは火事になってしまったのだが、火事の原因が全く違う内容で書かれていた。

金子　私が教師をしていた時に、取材に来られたけれども、その内容が違う内容となって記事になってしまっていたという経験がある。

牛島　報道への見方というものも教えてくれたのね。

斎藤　私も高校を卒業してから、三池闘争の時の学生について書かれた記事が、実際と違っていたということを知って、「ああ、このことが後藤先生が話していたことか」と思った。今でも記事を鵜呑みにしてはいけない、疑問を持って見るということが頭に入っている。

金子　授業がわかりやすかったね。

石井　二年生の時は世界史だったでしょう。その時にね、私が本を読むきっかけになったのは、フランス革命、教科書の挿絵に、農民が一番下に、次に僧侶、一番上に貴族とあった。先生がこの挿絵を指して「これは何を意味するか」と聞いたの。

「農民が一番生産しているのに、一番貧しい暮らしで、身分も低く虐げられている。フランス革命というのは、それを市民の手に、虐げられていたこの下層の人たちが、自分たちの生活を、と現状をひっくり返すのが革命だ」ということを説明した。

この授業が終わったあと、フランス革命の時代にはたくさん小説も書かれていると。『戦争と平和』『愛と死の戯れ』とか、たくさんの本を紹介してくれたのね。世界史の授業の時は大概教科書の他に何冊かの本を教卓に積み上げていた。

小関　そうね。いつも本が積んであったわね。

石井　人間っていうのは、この本を読むともっとよくわかる、というようなことをよく言われた。

このことが、美術の本とか、スタンダール、ヘルマン・ヘッセ等々を読むきっかけになっていった。

金子　そうそう、私もよく読んだわね。

堤　私はトルストイ、ドフトエフスキーを好きでよく読んだわ。

石井　あの頃、ヘプバーンの映画、「戦争と平和」がかかっていたでしょう。ナポレオンがロシアに攻めて、敗れるじゃない。寒さと飢えで……。ロシアが勝利した時の序曲《一八一二年》というのをチャイコフスキーが作曲したでしょう。それを後藤先生が聞かせてくれたの。誰もそのことを覚えていないいって言うのよ。

牛島　私は覚えている。

堤　先生は歌が大好きだったわね。

牛島　音楽の酵素も降りまいてくれたのね。

小関　何年に何があってという授業ではなくてね。

石井　年号は年表を見れば出ているって。この事件が起きたために、次にこういう事件を引き起こす。それをはらんで次の時代が来るという因果関係とか、そういうことを教えてもらったわね。

堤　今、そんな授業展開していないでしょうねえ。

石井　ないと思う。インドの独立の時のガンジーの塩の行進のこととかも、私、よーく覚えている。ネルーの『父が子に語る世界歴史』というのを紹介してくれたのね。

牛島　私はそれをきっかけに本を読むようになった。ネルーが刑務所に拘留されている時に、書いたものを娘に贈ったと。

堤　そう、インデラさんにね。

石井　イギリスがどんなに弾圧しても無抵抗主義でね。それでも塩の行進に参加する群衆がどんどん百万単位で増えてくる。

そしてイギリスがインドを手放す。撤退するということを決意したのは、あの塩の行進だっていうことをその時に知った。今まで中学校で習っていた歴史と、まるっきり違っていた。

暗記すればよかったテストと違って、考えなければならなかった。テストの点はとれなかったけれど、授業は面白かったわね。

堤　何か、引き込まれるような授業だった。

牛島　レポートをよく書かされたでしょう。夏休みの課題か何かで……。

石井　磯貝チカ子さん、お父さんが教師で、世界文学全集とか日本文学全集とか、みんな揃っていたの。よく磯貝さんの家でそれらの本を読んでいた。夏休みはずっと。それまではシャーロック・ホームズとかの探偵物、銭形平次とか、そういうものしか読んでいなかったのが……。

金子　先生がいろいろな本を紹介するから、読んだのね。

石井　そうね。劇とか映画とかが、前橋に来るとよく紹介していた。その映画を見に行って帰りが遅くなるでしょう。しょっちゅう父に叱られた。女の子は暗くなってから帰って来るんではない！　なんて。

堤　芸術鑑賞友の会、今の労演ね。必ず観たあと、座談会をしてね。最初のころ、岩崎孝先生、森村正美先生、根岸治男先生とかも参加してくれた。

その時の写真があるのよ。だからその時のことをよく覚えている。

石井　卒業してからも繋がりがあったのね。

堤　私、島小を参観したことがあるのよ。斎藤喜博先生、目が鋭くてね。「本を一冊ずつくらい買って行ってください」と言われて買って帰った。すごい人がいると思った。『島小の授業』を今でも持っているわよ。

牛島　私は『島小の女教師』を持っている。

石井　私は境小の公開に行ったわ。オペレッタ「オキクルミと悪魔」を覚えている。

堤　島小の記憶が今でも忘れられないの。小関さん、ほら、シューベルトの「ます」、あれを小学生がとても美しく、何部合唱かで歌っていたんだもの。あれ、大人だって大変だものね。

小関　その「ます」の話だけれど、あれ中学校の教科書にあったの。先生に「どうして教えてくれなかったんですか」、と聞いたら、「みんなの先輩もいくら教えてもできなかったから」と言われた。それを小学生がねえ……。

堤　きれいな声でねえ（いかにも感動的に）。

石井　ハレルヤとかグロリアとかを歌っていたのよね。

堤　島小って、島村って田舎よ、そこへ全国から見学者が大勢来たのよね。

石井　島小の子どもたち、バスに乗っていても顔つきが違うから、すぐわかると言われていた。

牛島　後藤先生って、二年生の時って、あまり何か、教師の仕事にそんなにのめり込んでいなかったでしょう。

石井　そうね。昔の話をよくしていたわね。

牛島　松本の話をよくしていた。それが変わったのは、きっと斎藤喜博先生と出会ってからだと思う。何か急に授業に熱心になったの。「ちょっとちょっと何」みたいな……。今まで何よ、松本の山が、どうのこうのとかばっかり言っていて……（笑い）

石井　そうね、信州の話ばっかりしていてね。斎藤茂吉の息子さんの北杜夫が寄宿舎で同じだった。そのお父さん（茂吉）の手紙を売って来るとお金ができて、みんなで飲んだ……そういう話をしていたり……。

堤　頭のきれる先生だったわね。山男でね。歌も上手だったしね。ポンカラポンカラ（21ページ参照）、よく歌っていたわね。ホーム・ルームとか、クラス会の時にも。山の歌とかロシア民謡とか、いろいろ知っていたよね。ひょうひょうとしていて、最初はとっつきにくい感じでね。何を考えているのかわからない感じだったの。

斎藤　いつもニコニコしていて、怒ったところを見たことがない。

小関　「森へ行きましょう」をロシア語で歌ったりしていたわね。

堤　とても幅広い教養を持っていた……。

石井　いろいろなことを教えてもらったけれど、やはり授業からの影響が一番強かったと思う。何か相談しても結論は出さないで、「うん、そういうのもいいじゃあないか」みたいにね。

堤　自分で結論を出さないで、みんなに考えさせるというか、そういう授業だったのね。

普通の人はすぐ白か黒かと結論を出してしまうでしょう。みんなで考えるという幅を持たせたというか……。そういう授業だったのね。

金子　卒業式の日、角屋へ行ってうどんか何か食べたでしょう。

牛島　そして泣いたわね。

堤　ポンカラポンカラを歌ったりしてね。

金子　二階でワァワァ泣いたのよ。先生が最初に泣いたものだから、みんなも泣いた。

小関　先生、よほど思い出が深かったのね。卒業式のあと謝恩会をして、そこでもポンカラポンを歌ったのよ。私もワァワァ泣いちゃった。

斎藤　まるで映画のシーンね。

石井　そうねえ。

牛島　ポンカラを先生もみんなも泣きながら歌った。他の歌もいろいろ歌ったのよ。

石井　教室の黒板にいつも二つくらいの歌が書いてあったものね。

金子　ああ、そう？　よく覚えているわねえ！

石井　それぞれ覚えているところが違うのね。視点が違うのね。

小関　関西旅行へ行った時に、菜の花畑があってね。そこで歌ったのよ。自然発生的にね。そうしたら、先生がほんとうに、とっても喜んでね。何回も付き添って来たけれど、歌が出たのは初めてだ！　って。

石井　もっと先生の家へ行けばよかったわねえ。

堤　まさか、あんなに早く亡くなるとはねえ。今日はこのへんで。東京などでも別のメンバーでこのような機会を持ちたいですね。

（おわり）

ポンカラ　ポンカラ

1
まろいスミレの咲く丘で
白い男が真っ黒な
田舎娘を口説いて言うにゃ
人は見目より心ばえ
ポンカラ　ポンカラ
ポンカラ　ポンカラ
ポンカラ　ポンカラポンポン

2
何故に寂しい十五六
色にきこうか実もよし
そぞろ迷えば月日もたって
涙ぐむよな秋の暮れ
ポンカラ　ポンカラ
ポンカラ　ポンカラ
ポンカラ　ポンカラポンポン

〈注〉**斎藤喜博**（一九一一年〜一九八一年）教育者。群馬県の島小学校で十一年、境小学校等で校長を務め、緊張感とドラマのある授業で子どもたちを変えていくということはどういうことかを、自らの教師集団とともに実践。晩年、宮城教育大学教授を務める。歌人でもあり、歌集もある。斎藤喜博全集は、第二十五回毎日出版文化賞（全十八巻、国土社）を受賞した。

八ヶ岳にて

(伊女2年)						
4月8日	雨の花笠	集会所	家中で	−		中村錦之助、島倉千代子、松島トモ子
	荒城の月					若尾文子、根上淳、船越英二、八潮悠子
21日	道	公民館	兄・姉・恵子	30		水戸光子、佐野周二、桑野みゆき
	検事とその妹					比々野恵子、筑紫あけみ
5月1日	陽のあたる坂道	中央	熊谷範江さん	70	田坂具隆	石原裕次郎、北原三枝、芦川いづみ、轟由紀子、川地民夫
	遭難		蜂須和子さん			(記録映画)
6月5日	明日は明日の風が吹く	中央	新井君枝さん	55		石原裕次郎、北原三枝、浅丘ルリ子、青山恭二
	愛河		田中重雄			若尾文子、川口浩、菅原謙二、北原義郎、叶順子
6月25日	菩提樹	パレス	団体鑑賞	30		ウィーン少年合唱団
	森は生きている					小高隆二
6月28日	メソポタミア	オリオン	中島英子さん			記録映画
	杏っ子			40	成瀬己喜男	香川京子、木村功、山村聡、中北千枝子、三井美奈
	山下清					山下清
7月30日	母子像	公民館	姉	30		山田五十鈴、山手弘、三条美紀、木村功、中原ひとみ、星美智子
	白鳥物語					東野栄次郎
8月3日	無法松の一生	オリオン	稲垣浩			高峰秀子、三船敏郎、飯田蝶子、笠智衆、左ト全
	場末のトランペット		姉、いとこ	50		フランク永井、香月美奈子、小園容子
	若き美と力					アジア大会記録映画、織田選手
25日	素晴らしき男性	中央	矢島富子さん	50	井上梅次	石原白裕次郎、北原三枝、月丘夢路、白木マリ、金子信雄
	おれたちは狂っていない					仁木たづ子、野口啓二、紺野ユリ
26日	居眠り一家	公民館	姉	30		
	黄色いカラス				五所平之助	淡島千景、伊藤雄之助、設楽こうじ、田中絹代
9月29日	炎上	中央	40		市川崑	市川雷蔵、中村雁治郎、新珠三千代、仲代達矢
	花嫁の抵抗					田村高広、小山明子、有沢正子、桑野みゆき、関千恵子
10月5日	鰯雲	オリオン	姉	80	成瀬己喜男	司葉子、小林桂樹、淡島千景、杉村春子、中村雁治郎、水野久美
	オトラさんのお化騒動					柳家金五郎、田川孝子、柳沢真一
9日	彼岸花	パレス	団体鑑賞	40	小津安次郎	山本富士子、久我美子、有馬稲子、田中絹代、桑野みゆき、笠智衆
	野を駈ける少女					桑野みゆき、山本豊三、望月優子、左ト全
25日	裸の太陽	日吉	木村恵子さん 飯塚礼子さん 斎藤草子さん	40		江原慎二郎、中原ひとみ、丘さとみ、星美智子、仲代達矢
	くれない権八					中村錦之助、桜町弘子、東千代之助、美空ひばり、長谷川裕見子
11月2日	つづり方兄弟	オリオン	1人	70	久松静児	望月優子、森繁久弥、香川京子、津島恵子、左ト全
	太平洋戦記					
12月21日	一丁目一番地	日吉	熊谷範江さん	50		小野透、若水ヤエ子、トニー谷、波島進、佐久間良子、三条美紀、花園ひろみ
30日	しらさぎ	中央	1人	70		山本富士子、川崎敬三、佐野周二、角梨枝子、野添ひとみ
	空かける花嫁					有馬稲子、小山明子、高橋貞二、志村喬、福田公子
【昭和34年】						
1月5日	紅のつばさ	桐生	兄			石原裕次郎、芦川いづみ、中原早苗、峯品子、二谷英明
	危険な群像	オリオン	美智子			稲垣美保子、沢本忠雄、長門裕之、二本柳寛
18日	風、花	中央	北沢澄子さん	70	木下恵介	岸恵子、久我美子、有馬稲子、笠智衆
	嵐を呼ぶ友情		児島百合子さん		井上梅次	川地民雄、沢本忠雄、小林旭、白木マリ、浅丘ルリ子
			児島百合子さん			石原裕次郎、北原三枝、芦川いづみ、轟由紀子、山根久子
2月28日	若い川の流れ	中央	小関雅乃さん	70	田坂具隆	川地民雄、千田是也、小高隆二
	遊太郎巷談		蜂須和子さん			市川雷蔵、林成年、浦路洋子、金田一敦子
3月15日	サヨナラ	パレス	井上鏡子さん 車田信子さん 牛久保良子さん 里野泰子さん 阿部圭子さん	40		ナンシー梅木、高美以子、マーロンブランディー
	先生のお気に入り					
28日	オムの可愛い人(モンプチ)		〃	40		
	最後の楽園					

（伊女3年）						
4月4日	新しい背広	伊勢崎			筧 正典	小林桂樹、八千草薫、久保 明、中北千枝子
	ロマンス誕生	公民館	姪、恵子	50	瑞穂春海	雪村いづみ、美空ひばり、淡路恵子、山田真二、中村メイコ
	男なりゃこそ					
18日	荷車の歌	泉荘	姪、美知子			望月優子、三國連太郎、左幸子、水戸光子
27日	鉄道員	パレス	団体環境	40		
	野ばら					ウィーン少年合唱団
5月9日	お早よう	中央	中野芳枝さん		小津安次郎	久我美子、佐田啓二、笠 智衆、三宅邦子、設楽こうじ
	俺は挑戦する		茂木英代さん	55		小林旭、浅丘ルリ子、白木マリ、小高隆二、岡田真澄
6月4日	泥かぶら	公民館	団体鑑賞	−	真山美保劇団一同、演劇	
6月4日	惜春鳥	中央	岩上登志子さん	55	木下恵介	有馬稲子、佐田啓二、山本豊三、津川雅彦、石浜 明、小坂一也
	東京の孤独		児島百合子さん		井上梅次	小林旭、芦川いづみ、月丘夢路、大坂四郎
7月11日	すばらしき娘たち	日吉	矢島富子さん	40	家城	中原ひとみ、丘さとみ、江原慎二郎
8月25日	世界を賭ける恋	中央	？	60		石原裕次郎、浅丘ルリ子、葉山良二、南田洋子、二谷英次
	すばらしき19才					津川雅彦、岡田マリ子、瞳れい子、九条映子、小坂一也、ザ・ピーナツ
9月22日	青春蛮歌	中央	熊谷範江	55	井上梅次	長門裕之、浅丘ルリ子、大坂四郎、沢本忠雄・清水まゆみ、南田洋子
	みだれ髪三度笠		岩上登志子			市川雷藏、淡路恵子、中村玉緒
10月2日	締り首の木	パレス	井上、板垣、牛久保、重田、星野、阿部	50		ゲリー・クーパー、マリア・シェル
	ソロモン王					
10月7日	浪花の恋の物語	日吉	新木、天田さん	45	内田吐夢	中村錦之助、有馬稲子、花園ひろみ、田中絹代、片岡千恵藏、植木千恵
10月25日	清水のあばれん坊	中央	熊谷さん	60		石原裕次郎、北原三枝、芦川いづみ
	ああ 江田島					仁木田鶴子、菅原謙二、野口啓二、本郷功二郎、三宅邦子
11月17日	にあんちゃん	日吉	団体鑑賞	40	今村昌平	長門裕之、北林谷枝、沢村国太郎
	今日も又かくてありなむ				木下恵介	高橋貞二、久我美子、小林トシ子、田村高広、中村勘三郎、小坂一也
12月1日	悲しみは空のかなたに	パレス	天田さん	40		
	ぼくの伯父さん					
12月3日	また会う日まで	オリオン	新木和子さん	50	今井正	久我美子、岡田栄次、杉村春子
	男性飼育法		松島さん		豊田四郎	淡島千景、淡路恵子、水谷良重、森繁久弥、花菱アチャコ、小林桂樹
25日	細雪				島 耕二	轟由紀子、京マチ子、山本富士子、叶順子、川崎敬三、菅原謙二、根上 淳
	若い川の流れ		高山とし子さん	40	田坂具隆	
	二等兵物語					伴淳三郎、花菱アチャコ、浪花千枝子
25日	母子草	公民館	姉	30		田中絹代、佐久間良子、木村 功
	一夜の百万長者					花菱アチャコ、浪花千枝子、島倉千代子
【昭和35年】						
2月13日	ジャンバルジャン	パレス	団体鑑賞	40		ジャンギャーバン （仏映）
	岸壁に登れ					アルピニスト （仏映）
2月21日	わが愛	中央	井上鏡子さん	50	五所平之助	有馬稲子、東山千枝子、関千恵子
	春の夢				木下恵介	久我美子、東山千枝子、岡田茉莉子、森美樹、佐野周二、小坂一也、十朱幸代、中村メイ子
3月4日	女が階段を上るとき	オリオン	井上鏡子さん	65	成瀬己喜男	高峰秀子、淡路恵子、団令子、仲代達矢、中村雁治郎、森雅之、加藤大助
	新・三等重役					小林桂樹、森繁久弥、有島一郎、雪村いづみ、浪花千枝子、芳村マリ
3月10日卒業式						
3月19日	乳母車	公民館	井上さん	30	田坂具隆	石原裕次郎、芦川いづみ、新珠三千代、宇野重吉、山根久子、青山恭二
	断崖の少年		母・恵子			畑野せき子

人間性の開花に賭けた伊女の先生たち

―森村正美先生に伺う―

森田詔子

後藤亘宏先生を偲んで本を出そうという話が出た折、往年後藤先生とよく一緒に行動されていた森村先生からも一筆頂こうということになり、斎藤草子さんと連れ立ってお願いに上がったのは、二〇〇三（平成十五）年一月三日のことでした。前日からの雨が降る昼すぎ森村先生宅の門をくぐりました。私は玄関に向かう途中の水たまりに足をすべらせ軽く尻もちをついてしまいました。ハンカチを使いながらブザーを押すと先生が丸い体軀に満面の笑みをたたえて姿をお見せになりました。

「アレー、大丈夫かね、早くこれで拭いて」とタオルを何枚も出して下さり、「実は家内も転んで、今入院してるんさ。大事にならないで良かった。サア上がって」と、大きな堀ゴタツのある居間に通されました。用意されてあったお茶とお菓子に舌鼓を打ちながら、話は近況から往時の伊女の様子に移って行きました。

我々が県立伊勢崎女子高等学校（伊女）を卒業したのは一九六〇（昭和三十五）年三月。この一月に日米相互協力及び安全保障条約が調印され、五月二十日の衆議院で新安保条約が強行採決されました。

当時日本の国論は、この国会批准をめぐって真二つに別れ、対立抗争していました。米ソ冷戦に基を発するこの対立は家族団欒の茶の間にも反映して、警察官の父と全学連の娘のいがみ合いを風刺した新聞の四コママンガや、安保反対デモ参列中の樺美智子さんの横死と、その是々非々論など、当時の日本人は、一人ひとりが日本の運命を自分の背に担っていると自負し、他者に対しても、思想的立場の明確化を強要し、どっちつかずの人間をノンポリと呼び蔑視するようなきらいがありました。私のようにのんびり事なかれ主義の大学一年生の娘までが、マルクスやレーニンの著書の読書会の誘いに乗る時代でした。

当時、伊女の先生たちの間では、どういう教育がなされるべきかという教育の本質をめぐって、教師仲間が熱い討議を重ね、学校が引けた後は学校から駅の途中にある

〝吉野寿司〞で遅くまで熱い弁を交わし合ったそうです。

当時、革新系の教師団において、桐女方式（県立桐生女子高等学校）と伊女方式という二つの系列があったと森村先生は言われます。この点については後藤先生を偲んで快く引き受けて下さった原稿の中に詳しく書いて下さることになっていましたが、未稿になってしまった今、当時の言の葉を思い出しつつ要約させていただくと、

桐女方式というのは、一つの社会政治的課題を優先させる教育論で、歴史の授業に例を引けば、時代的には近・現代史を重視し、そこで反戦・平和教育の充実を計るやり方。

片や伊女方式というのは、当時週五時間あった高三の日本史の授業を、江戸末期で終えられた後藤先生の授業にも示されているように、特に近現代史に重点を置くことをしないで、学問的にすでにほぼ事実が確定している前近代史の中から、その人間の営みを通して何が本物で、何が大切なことなのかを、歴史的事実の中から生徒自身が考えていく力を育てることに重きを置く考え方で、この政治的には一見即効性を欠いた伊女方式は、良心的かも知れないが弱気なものとして、桐女方式系列からは批判を受けていたようです。

「でもネ」と森村先生は言葉を継がれました。「世の中に一つの〝べき〟というものはないんだいネ。一人ひとりが考えた〝べき〟や〝ありたい〟が集まって全体をベターの方向へ引っぱって行くんだいネ。この一人ひとりの内から出てきた意志によって、皆が歴史を創っていく主体者となる。その力を生徒の中に種蒔きすることこそが大事で、誰かが打ち上げた〝べき〟で周囲をおおっていくやり方は英雄主義・ナチズムに通じていくんだいネ」と自らを戒めるように言われました。

当時この伊女方式の教育論は、十数人の教員仲間によってその普及と浸透が計られていたようです。職員会議の前日には、これら十数人の仲間が恒例のように〝吉野寿司〟でプレ会談を行い、職員会議の運営・進行・議決をリードし、伊女方式的教育環境を創り上げていかれていた様子が拝察されました。

生徒の主体性育成を旨とする先生たちは、自らにふりかかってきた「勤務評定」の法案制定の圧力に対しては、教師の自主的な思考を抑え、思考の選択肢を狭めるという観点から反対の立場を表明し、在校生の家を戸別訪問してこの旨を訴えて歩きました。放課後の勤務時間をカットして校門を出ようとすると、校舎の窓から生徒が手を振って「〝がんばって！〟とエールを送ってくれたんさ」、と当日をなつかしむ面持ちの先生でした。

伊女方式のホーム・ルームの運営、進路指導に対する姿勢は、誰が生徒をどこの大学に入れることに成功したかを競う進学校の校風に対して、「大学でも出なければ持ち味を発揮できない生徒は進学させた方がいいが、持ち味を発揮できる者は、大学など行かなくてもいい」というのが持論で、森村先生に対しては「いわゆる名ある大学へ行かせたい」という親から、「ああいう担任には子供を持たせたくない」と校長への直訴もあったとか。

このように人間としての内にある力に着目し、その種の開花をこそ教育の基幹と考えていた伊女方式グループの先生方にまつわるエピソードを、聞かせてもらいました。

◇国語科の矢島先生の場合……教頭に昇進する時、教育委員会から共働きをしている奥さんを辞職させるようにとの内達をもらった。先生は教頭職を蹴って生徒会主任となり、生徒会活動の活発化に教員生命をかけた。
◇森村正美先生の場合……高二の夏季行事で松原湖において、自活自炊の合宿生活を行った。森村先生は風呂係の担当で、風呂の焚口で煙にむせながら吹き竹を使っていると、〝先生ぬるいよ〟との生徒の声、〝何言ってるんだ、薪くべをしている者の身にもなってみろ〟と負けずに怒鳴り返したんさ。ハハハ……。

それから森村先生が伊女に在勤した昭和三十二（一九五七）年から四十二（一九六七）年の十年間の職員会議で生徒の非行が議題となったのは二回だけだった。

一つは生徒の無断アルバイトが発覚した時で、会議では他の生徒への見せしめのために即刻退学させるべしという意見が主流になったが、生徒が何でアルバイトをするようになったのかという事情を調べる必要を説いて早急な議決を待ってもらい、調べた結果、アルバイトの中味は家計を助けるためのコーヒー運びであったこと。しかも、帰宅が遅くなるのを親が承知した上でのバイトであった。こうした家計補助のため親承知のバイトを、一方的に校則違反として退学させることは学校の越権行為に当たるとして主流派を説得、生徒を復学させることができた。

二つ目は、生徒会主催による赤城山合宿の折、一人の生徒が、「夜、何かが呼んでいる」と称して沼に入水しようとした。職員会議では、こうした生徒を学校で受け入れていて、もし何かが起こったら学校の責任になるとして、「すぐ退学させせよ」という声が上がったが、生徒たちの中から、自分たちが日ごろ目を配り面倒を見るから、とにかく登校させて欲しいという声が上がり、生徒たちの気持ちを受けて職員会議を再開し、生徒たちと本人の力に賭をする気持ちで出校を認めた。結果的に彼女は無事に卒業して行った。

先生は「伊女の十年間、いろいろなことがあったけど、〝自分にとって大きなことは、生徒を信じることができたことだんネ」と言われた。ぐらっとこの言葉は胸にきた。生徒の側から言わせていただけば、いのちを生徒にぶっつけてくれる先生に、生徒もいのちで関わり、師を信じ、人を信じることを学ばせていただけたのだと思う。

我々が大学生活を送った一九六〇年代には左翼・右翼・教条主義・日和見主義等々と主義のつく言葉が流行り、主義が同じなら同志、異なれば敵という二元思考で人間を色別し、貼ったレッテルで差別し合う傾向が強くありました。こうした中にあって後藤・森村先生たちの伊女方式というのは主義主張の前に、生ある人間が内面に持つ善への可能性に大らかな信頼を置かれていたように思われます。

私ごとになりますが、大学を出たてで教員生活を始めた職場は、組合全入制で組合活動が活発で、クラス担任、校務分掌、教頭、校長までも組合員から選出するということを行っていました。勢い組合総会の回数も多く、又遅くまで会議を続けたりしました。その役員改選会議の折、一人の女教師から、産休あけなので今回は被選挙名簿からパスさせて欲しいという申し入れが出た折、組合員の中から「男女同権の教員という職場で女性特有の権利を持ち出すのは不平等ではないか」と言う発言がありました。どちらを優先に考えたらいいのか迷った私は、後藤先生に相談の手紙を書いたところ返信の手紙には、「僕だったら産休あけの体を充分に休めた後にやってもらう」と記されていました。主義の「べき」の前に人間的思いやり、いのちを尊ぶ人間性をもっていた点で後藤・森村先生に共通したやさしさを感じるのです。

話が横にそれましたが森村先生との話はさらに進みました。

「市女（伊勢崎市立女子高等学校）は教師集団が最後までしっかりしていて立派な教育が行われていたんネ。初代校長の伊沢さんは教師を信頼しててネ。教育委員会から伊沢学園と言われていて、教育委員会から問題教師のチェックリストが来ても、「私の一存でやらせてもらいます」と突っぱねた。組合については人と人との間に信頼関係があれば「組合」はなくてもよいという人だった。森村先生が教職員組合を代表して伊沢校長に話をつけに行った時、校長室の戸棚からウイスキーを出し、「僕は難しい話は嫌いだ。呑んでくれ」と言ってダブルで三～四杯呑み交わした後、「来てもらって良かった」と言ってくれた。教職員組合をバックにした人間を前に、あれだけ呑んでも臆せず、自分の主張を変えなかった。「人間として認め合うことができたんネ。それに伊沢学園と呼ばれて私塾化することへの懸念と配慮を持ち合わせていた」と、主義を超えた人間としての魅力を讃えられました。

当時、「高校生徒会連絡協議会」という伊勢崎市内高校の交流会をつくり、会食会を開いていたが、教育委員会から嫌われ廃止になった。それについて、「形式というものは考え方とやり方でどうにでもなるもので、形式にこだわることはしなかった。立て前や形式にこだわると対立がおこるんネ」と言われる先生の言葉は、その後、内ゲバの悲劇を招く社会運動の歴史をくぐり抜けてきた重みを感じさせて下さるものがありました。

話題は次々に弾み、いつしか暗がりの窓外はみぞれに変わりはじめていました。「後藤さんの原稿は書いておくョ」との先生のお言葉を背にして、先生宅の門を後にしました。

○

森村先生との話の中で、近いうちに上京するから、その時は東京組のみんなと顔をそろえようとも打ち合わせをしたりもしました。

今は遠くへ行かれてしまった先生。先生の原稿をいただけなくなってしまいました。そこであの時、楽しく語らい合った言の葉の思い出をこのように拙い文にまとめさせていただく運びとなりました。今切なく無念に思いつつ後藤先生と森村先生のお姿を偲ばせていただいております。生徒との約束を果たされる森村先生は、きっと今ごろ執筆中なのではないでしょうか。再会の折には、じっくり読ませて下さいネ。

後藤先生、森村先生ごきげんよう。

授業の思い出

石井喜久枝

後藤先生は二年生の時に世界史、三年生の時に日本史の授業の担当だった。

歴史を学ぶ中で自分の中に変化が起こり、身丈ほどの視野で物事を捉えていた世界から、一つひとつの現象には必然があるということ、また食物連鎖で自分の生命が保たれているように、事象や現象を繋ぎながら、時代が変化し、動いていくということを認識することができた。

今も忘れられない、いくつかの授業がある。

先生は教室へ入って来るなり、「欠席者は？　ああ、いませんね」と言うと、すぐ授業に入った。大抵二～三冊、時には五、六冊本をかかえて持って来て教卓の上に重ねて置いた。黒板に向かって左上から几帳面な小さな字で、奈良時代—平城京に遷都と書き、教科書を読み、重要と思われる事項を板書した。それから一つひとつについて話を進めていった。

いにしえの奈良の都の八重桜けふここのへににほひぬるかな

あをによし奈良の都は咲く花のにほふがごとく今盛りなり

奈良の都の平穏安泰をうたった歌から、授業はやがて大仏建立へと移る。

「このころは、月蝕や日蝕など、神のなせる技だと思い込んでいた。自然現象をはじめ、この世に起こるさまざまな事象をしずめたり、願いを仏様にかけたんだね。とてつもなく大きいのは、時の権力者、聖武天皇は尊く強い人と誇示するためだった。」

「奈良に住む人、周辺の人々は工事現場にかり出される。また、それだけではとても足りないので遠い地方からも何千という農民が集められたんだ。一家の働き手である男だったから大変だ。夕餉になっても煙が上がらない。釜の中にはクモが巣くって研ぐ米もない。万葉集にはそんな歌も収められている。」


こんなふうに授業が展開されていったと思う。そして必ず、こんなのを読んでおくともっと内容が深まると、『万葉集』『天平の甍』『国分寺と大仏開眼』等を、教卓にある本の中から示されるのだった。

「ルネサンス」の授業で、ボッチチェルリ「春」、ミケランジェロの彫刻、レオナルド・ダ・ビンチの「モナ・リザ」、ラファエロの「聖母マリア」などの美術の大判の本を見せてもらった。その時、教室の空気が何と言ったらいいか動いた気がする。明るくなったと言うと平凡だが、ふわっと新しいものに触れたことへの感動だったかも知れない。

「インドの独立」の授業では「塩の行進」の話を聞いた。民衆の圧倒的な勝利、ガンジーという人の生き方に胸が高鳴ったのを覚えている。この時に、ネルー著『父が子に語る世界歴史』を紹介してもらう。

社会科のテストは、それまでは暗記していけば結構九十点以上はとれる教科だった。しかし、先生の授業は暗記してできるということはなかった。「何がいつあったかは、年表に書いてある。年表を暗記しても仕方がない」と先生は言われた。

時代のふしめにあたる事件や人名など、因果関係や関連を納得しながら、それが自分で説明できるようでないと答えが書けないような問題だったと思う。

高校時代の後藤先生は、当時独身で、級友は尊敬と憧れのまなざしをもって接していたように思う。勿論、私もその中の一人だった。

書道の根岸治男先生の仲人で、すぐ上の姉恵子と結婚し、義兄となった。みんなの憧れの的だったのに……何となく気おくれするような、申しわけないような気持ちになったのを覚えている。

いつだったか「高校時代の授業から影響を受けた」と話すと、「あの頃の授業かい、今思い返すと恥ずかしい」と言った。

座っているとまわりのものが何でも手に取れるような三畳の書斎で、夜遅くまで教材の資料を読んだり、書いたりしている後藤先生の後ろ姿が今でも目に浮かぶ。

私は、「雑草」10号（後藤亘宏追悼号）に次のような文章を寄せた。

〈思い出は分厚いアルバムがいっぱいになるほどあります。そのうちの一ページ分だけ書きます。

高校二年生の世界史の授業だった。フランス革命を勉強した後、ナポレオンが台頭してきて、ロシアへの侵攻を学んだ後、和室で、チャイコフスキーの大序曲《一八一二年》を聴かせてくれた。ロシアの首都ペテルスブルグをめざして、ナポレオン軍が勝利しながらラッパも高らかに攻めてくるが、広大なロシア、季節は冬に近づき食料も底をついて、寒さと飢えで引き返すナポレオン軍、この時のロシアの恐怖と勝利の喜びを音楽にしたものだった。最後にほんとうの大砲が鳴り、はじめて聞いた驚きが、今もはっきりとよみがえってくる。

ちょうどこのころ、オードリー・ヘップバーン主演のトルストイ作《戦争と平和》の映画が町の映画館にきて、二回観に行った。この映画の中にもチャイコフスキーの大序曲《一八一二》が使われていて、ヘップバーンの美しさとともに、思い出として胸の奥深くに沈んでいる。

歴史の勉強が楽しくなってきたのは、このころからだったと思う。単なる暗記ではなく、事件から事実を知る。その時の政治家や経済を動かした人物だけでなく、その時代に生きていた庶民に焦点をあてて、具体的なので、まるでドラマを見るような授業だったと思う。読書は苦手だった私が、歴史上の人物や事件を扱った小説を読むのが好きになっていた。今でも『チボー家の人々』『愛と死の戯れ』など忘れられない本となっている。

教師となって三十年も経とうとしている今、高校三年の進路を考えている時、音楽など、とても今からでは遅いと思ってあきらめていたのに、「思い立った時がはじまり」と言って、励ましてもらったし、〝その気になって勉強する〟ということも教えてもらった。

先生としてもっとも尊敬できるのは、現役でいる間、絶えず教える内容を勉強している姿だった。お説教らしい言葉は一切聞いたことはない。義兄でもあり、先生でもある大切な人を失って、がっかりしてしばらくはボーッとしていたけれど、精神はしっかり受け継ぎたいと心を引き締めている。〉

先生に「いいものに憧れろ」と言われ、映画は勿論、音楽会や演劇、バレエなど、お金の許す限り聴いたり見たりしてきた。それは今でも続いている。

私は高校を卒業すると同時に、市内にあった明星電器に就職した。しかし一年五ヶ月で辞めてしまい、東京都立城南高校の事務主事補として働いた。テレビで採用試験の案内が流れたのをメモして、家族には内緒で上京。白山にある東洋大学で受験した。

「自分の意志で働ける仕事をしたい」という気持ちが強くあった。会社での仕事は上司に言われたことをその通りにやっていればよかった。職場はのどかで、みんな親切な人ばかり。不満は何もなかったけれど、自分らしさが発揮できるのは休憩時間と昼休みくらい。物足りない気持ちだったのだ。

城南高校の事務長に、「どうして地方から出てきたのか?」と聞かれた。とても音楽が得意とは言える状態ではなかったけれど、「音大の夜間に通って勉強しようと思っている」と答えると、「じゃー、三輪先生に習うといいよ。音楽専科だから紹介してあげよう」と応援していただいた。ピアノもブルグミューラーの途中、ツェルニー三十番もはじめのほうだった。情熱だけをたよりに、三階の音楽室のピアノを借りて勉強した。まじめに東邦音楽大学夜間部に通って、二級の音楽専科の免許状を取得できた。

一九六六(昭和四十一)年、桐生市立昭和中学校へ赴任し、桐生市立南小学校を二〇〇二(平成十四)年に退職するまで三十六年間、音楽専科として仕事を続けることができた。

教師になってすぐのころ、当時斎藤喜博先生が校長をされていた境小学校の音楽会に参観し、そこで歌ったり表現している一年から六年生の子どもたちの姿に圧倒された。そして斎藤喜博全集を読んだ。写真集『未来誕生』(現・一莖書房刊)をことあるごとに、見たり読んだりしていたことを思い出す。

組合員になって教育研究集会に参加するうち、「群馬音楽教育の会」を知り、丸山亜季先生をはじめ船戸咲子先生などの音楽の実践に触れるようになった。のびやかで、しかもしっとりとした声、どうしたらこのように子どもたちが歌ってくれるようになるのか？その時から悩みが深くなった。

いつでも課題が生まれてきては、それを乗り超えたかと思うと、また次の課題が生まれる——だからこそ定年まで仕事を続けてこれたのかも知れない。

退職後の現在、友人が園長をしている「たけの子保育園」で週二回、うたとリズムのピアノを弾かせてもらっている。子どもたちと音楽を共有できることをほんとうに幸せと思う。つい最近のこと、ワーグナーの「船乗りのうた」の伴奏を練習していた時、何回も練習しているうちに、何だかこの曲がとても小さく固くなっていることに気が付いた。船に乗り込んだ男たちが、海から上がるうれしさをうたっているのに、私のピアノはこの世界を弾いていない。細部にこだわる必要もあるけれど、曲全体が持つのびやかで少々荒っぽい、しかし人間性あふれたこの曲のことを考えたら、その世界に入れない自分のピアノが急に情けなく思えた。こんなふうにして、行きつもどりつの毎日を過ごしている。

一日々々、いや一刻々々と成長している子どもたちを目の前にすると、この子たちと向き合っていくには、私のピアノの腕も磨かなくては……、曲のイメージももっと自由にふくらませていかなくては……と、「一緒にまぜてね、私も成長したいんだ」と思わないではいられない。

〈後藤亘宏先生プロフィール〉

1930（昭和5）年、群馬県桐生市に生まれる。

1948（昭和23）年、長野県の松本高等学校（旧制）入学。

1950（昭和25）年、在学中に学制改革により国立信州大学（現・国立大学法人信州大学）となる。

松本高校、信州大学時代、日本史の石村吉甫教授に師事。

学問、サッカー、登山、寮生活等学生時代を謳歌していた。

ここでの生活が先生の思想形成の出発になっていたようである。

1954（昭和29）年、群馬県立伊勢崎女子高等学校教諭として赴任。

昭和33年から2年間、2年C組、3年C組と私たちのクラスを受け持つ。

群馬県立桐生高等学校、群馬県立桐生工業高等学校を経て、亡くなるまで学校法人・白鴎大学付属高等学校非常勤講師として在職。また、最後まで県サッカー協会の役を務めていた。

1998（平成10）年6月12日没。

高校時代は私の原点

牛島光恵

高校時代は私の原点である。自分を失わないで生きることを教えてくれた。後藤先生をはじめとした当時の先生達が、また、学校全体がそれを教えてくれたのだと信じている。高校時代に身に付いた考え方がその後の指針になり、現在に繋がっていることを今改めて実感している。

私は四十歳で地方公務員を退職した。十八年間の勤務であった。やっと仕事が面白くなってきた頃でもあった。教師にあこがれて教員試験を受けたが、合格はしたものの教職につくことはできなかった。仕方なく同時に受かっていた都庁の職員となった。やがて結婚。仕事と核家族での二児の子育てに悪戦苦闘し、綱渡りの毎日だった。だが、中堅職員となって組織の中で仕事をすることの大変さ、面白さも気づき、腰を据えて取り組みたいと思うようにもなった。しかし、ついに体力・気力が限界にきて退職、専業主婦になった。

専業主婦となってからは、「なぜ女は家庭・子育てと仕事の両立ができないのだろうか」、という疑問と、「これからは夫に寄りかかって生きねばならない」という不安が絶えず頭から離れなかった。大きな迷いの時期であった。当時は専業主婦が女性の幸せの象徴のように言われていた。しかし、私には夫とは言え人に寄りかかって生きる人生には、どうしても納得できなかった。それは自分を失うことではないだろうかとの疑問が消えなかった。その疑問をしつこく追いかけて、自然に女性の問題、今で言うジェンダー論に関心が向かった。やがて非常勤専門員として、女性センターでの職を得た。そんな時、女子短大から「女性論」や「女性と職業」と言った内容の授業をしないかという声が掛かり、思いがけず教師になった。四十代も残りわずかな時であった。

喜び勇んで引き受けたものの、授業ができない。まず困ったのは九十分をどう埋めるかということだった。一生懸命ノートを作って臨んでも、つい早口になり九十分の予定が五十分程で終わってしまったこともあった。そのあとは慌てて自分の体験を話したりして、冷や汗をかきながら何とか授業を終えたものである。

授業に行き詰まると「後藤先生ならばこれをどう教えるだろうか」とよく考えたものである。後藤先生の授業のあとは、モノを覚えたと言うよりも、頭の中がすっきり整理されたような快感があった。しかし、思い出しながらいくらか真似をしてみても、一向に授業は上手くならなかった。とうとう、あれは「一種の名人芸なのだ」と自分なりに理屈をつけて、自分の力不足の言い訳とした。

しかし、先生の授業は実は大変な努力のたまものであったことを先生亡き後、奥様に見

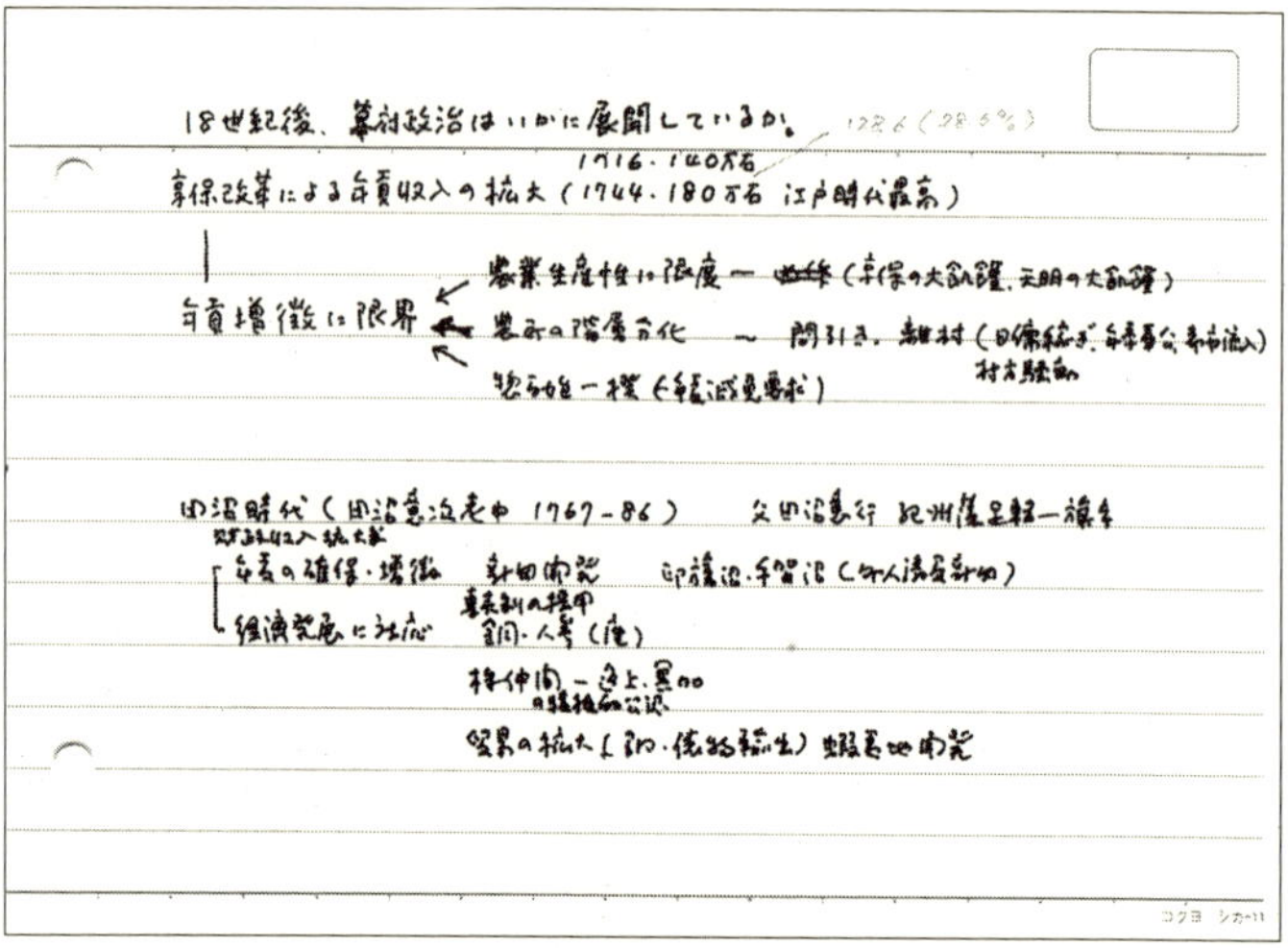

授業準備カード

せていただいた膨大な授業準備カードの束から教えられたのだった。これだけの周到な準備を積み重ねたからあの授業ができたのだと納得し、教師後藤亘宏を改めて尊敬することとなった。

五十年近く経っても印象に残っているいくつかの授業がある。その一つは、今の言葉で言えばメディア・リテラシー（情報を読み解く力）の授業である。

ある時、町の中で事件が起こった。どんな事件かは忘れたが、小さな町のことゆえ、私たちはみな、事件のことを知っていた。ある日の授業はその事件が報道された新聞記事が教材になった。その記事は私たちが知っている事実と微妙に違っていた。「新聞で報道されることが必ずしも真実ではない」という実例を示してくれたのだった。「新聞やラジオ・テレビで報道されていることは、真実と思われがちだが、必ずしもそうではない。記事を書く人、報道する人また、その人の属する組織等がそれぞれの枠組みを持って報道するのだ。だから、受け取る側はその意図までも読まねばならない。活字だから、マスコミの報道だからと言って鵜呑みにしてはならない。自分の見方を鍛えねばならない」。そんな内容だったように記憶している。

先生からは、高校二年・三年と世界史・日本史を習った。当時歴史は〝暗記もの〟と言われていた。私もそれまでは年代や人物の名前を暗記することが歴史の勉強と思ってきた。しかし、先生の授業は違っていた。年代や人名は年表を見ればわかる、そんなことは歴史で勉強することではないというのだった。私は〝暗記もの〟だけがいくらか得意だったので、最初その言葉にいささか傷ついたことを覚えている。だが次第に先生の授業の面白さに引き込まれ、いつの間にか歴史の授業を〝暗記もの〟と思うことはなくなった。

「歴史をつくるのは権力者や英雄だけではない。年表にあるような歴史の表面だけではなく、その底の経済の流れ、人々の暮らしの変化が歴史の流れを決めるのだ。名もない人々の働き方や、女性たちの暮らしこそが大事なのだ。だから表面の出来事だけではなく、その底の流れを見なければならない」というものだった。

例えば、「高札や御触書が出される。だからその時代は秩序が保たれていたと考えてはいけない。秩序が守られていないからこそ、高札や御触書が出されるのだ」というような説明であった。そしてその時代の経済や社会の変化の話へと続くのだった。そのような授業を通じて、ものの見方、考え方をしっかりと教えてくれた。

生活指導全般についても同様であった。校則を厳しくして生徒を厳しく取り締まる学校もある。そのような学校、特に女子高は、世間から「しつけが厳しくて良い学校」という評価を得がちである。しかし、そのような学校は秩序が守られているのではない。校則を厳しくせねばならないのは守らない人が多いからなのだ。とおっしゃるのである。

事実、私達の学校は校則が厳しくなかった。何の取り締まりもない学校だった。標準服はあったが、着なくても叱られることもなく、また、そのために皆がだらしなくなると言うこともなかった。生徒の自主性を尊重してくれた。校則の精神が守られているから規則にうるさくなくても良いのだ。自由と放縦の違いを無言のうちに意識させられた日常であった。

私達が自然に自主性と自律とを学んだのは、後藤先生をはじめとした当時の先生方のリベラルな教育の故であったと思う。

私達の高校時代、昭和三十年代の前半は、学制の変革期に教育を受けた若い先生達が多かった年代である。私達の学校にも後藤先生をはじめとして、旧制高校のいわば戦前のエリート教育と戦後の民主主義教育の洗礼を一身に浴びた若い教師たちの集団があった。そのような先生達が、戦前には良妻賢母の養成を目的とした高等女学校であった古い学校に、リベラルな空気を持ち込んだのだろう。当時の校長島瀬誠一先生も穏やかでリベラルな方であり、若い先生たちの活動を応援してくれたとのことであった。

先生方の集団からは文化の薫りがした。文学、美術、音楽、映画等をことある毎に鑑賞させてもらった。生徒会主催の講演会には多くの高名な文化人を招いた。映画館に学年全員で行ったことも多い。たくさんの本を紹介して、学問の入り口をのぞかせてくれたりもした。

当時話題を集めた井上清の『日本女性史』（三一書房刊、昭和四十九年毎日出版文化賞受賞）を紹介してくれたのも後藤先生だった。「女性史」という考え方そのものが新鮮だった。全く新しい歴史の一面を見た思いだった。早速本を買った。参考書や児童書以外の本を買った最初だったかも知れない。わくわくしながら読んだ。

その後は本屋さんに通って書棚を見ることが楽しみになった。先生は本を探すならば、新しい本を扱う本屋さんよりも古本屋を探すのが良いと教えてくれた。古本屋は薄暗く、埃っぽい、しかもハタキを持った頑固親父がいる等のイメージがあって敬遠していた。しかし、先生は「古本は汚いと思う？　いい本、必要な本はそう言う中にあるんだがなあ」と笑っておっしゃった。これがきっかけで古本屋巡りが趣味となった。

クラス文集「雑草」を出すことになったのもそんな熱気の中であった。「雑草」ネーミングの由来は、「私たちはきれいな花ではないし、温室の花でもない、地味な花である。でも、踏まれても起き上がる、強さを持っている」と言った意味だったと記憶している。今思うと、うまいこと先生の同人誌好きに乗せられたのだろう。それでも拙いながら考え、議論し表現した。先生からは時におだてられ持ち上げられ、時には批判された。その中で自分を卑下しないこと、捨てないこと等を教えられたように思う。それは女性も寄りかかって生きるのではなく、しなやかにそしてたくましく生きる生き方への応援メッセージであっただろう。

当時、遅くまで学校に残って編集作業をしていると、先生方の放課後のたまり場である吉野寿司に連れて行っていただくこともあった。そこで、若い先生達が呑みながら、寿司をつまみながら熱い教育論をたたかわせているのを目を丸くして見た。

後藤先生は、当時学問を続けたいという希望と教師として生きることの間で悩んでおられたようである。教師として生きると吹っ切れたのはたぶん斎藤喜博先生の元へ通うようになった時ではなかったろうか。その頃から授業への熱意が違ってきたように思った。

このようなことは、それまでは味わったことのない、異質のこと、いわば文化のシャワーであった。その中にある種の酵素が含まれていたように思う。クラスメイト全員に降りかかった酵素である。

私が大学に行きたいと思い始めたのもその頃からである。「これ以上生意気になると困る」と反対する親を説得してくださったのも後藤先生であった。

私は前述のように思いがけない経過から、女性の生き方・ジェンダー論を専門とするようになった。これは後藤先生をはじめとする多くの先生方、島瀬校長をはじめとする学校全体の力、土地の女性達のエネルギーからいただだいたと思っている。

「先生からいただいた四十五年前の酵素がやっと発酵してきました。感謝を捧げます」と先生の墓前に報告したいと思っている。その時には、「ああ、教育は時間がかかるんだよね。教師は気長でなければ……」という先生の声が聞こえてくるように思われる。

後藤さんと一緒の伊女

元伊女美術科教師
岩崎　孝

あれは後藤さんが結婚を間近にひかえてのころだったか。山靴で足固めした私たち二人は日光白根をたしか丸沼側から登っていた。その年の林間学校が丸沼を拠点に近辺の山ということになり、生徒会担当職員のうち山経験を持つ二人がその下見に出向いたのである。

山麓には霧が深かった。その登る道みちに咲いていた高山植物シラネアオイの群落の様子と一緒に、四十余年前のこのときのことで今も鮮やかに思い出す情景が二つある。

ゆるい傾斜を登っている私たちの後ろから若い話し声が近づき、やがて霧の中から六人ほどの一団が現れた。口々に挨拶をしながら彼らはわきをすり抜けるようにして先を急ぎ前方の霧へと消えた。そしてどれくらい経ったろうか。所要時間などにらみながら一休みしている私たちの下方から、もう一組の登山者がこれも急ぎ足に登ってきた。挨拶を交わしながら双方同時にアレッと声をあげる。なんと先ほど私たちを追い抜いていった人たちではないか。どこでどう間違えたか彼らは同じ道をまた登ってきた。濃霧や闇夜の平地ではまれにある、山用語にいうリングヴァンデリングの堂々巡りだがこんな山道でそれをやるのか。若者の向こう見ずのエネルギーが私たちにはおかしかった。まだそのあとが続く。それからしばし登ったころ、霧を透かした遠くから、あれえ、またさっきの所へきたぞお、という彼らの声が伝わってきた。「連中……又あんなこと言ってやんの」。後藤さんはおかしくてたまらんという顔をこちらに向けた。

記憶に鮮やかなもう一つは歩きながらの後藤さんの言葉で、話題は新婚早々夫婦が一日も早くお互い心を開き合うには、ということだった。「嫁さんの前でなあ、大きな屁を一発早い時期にやるのがいいんだそうだ」。洗たくあとの残るサブザックを背負う後藤さんの後ろ姿と優しさの垣間見えるその語り声が私の中でセットになっている。

林間学校は夏休みの生徒会行事である。生徒会が主体となって計画を練り、生徒はクラスごとに綿密に準備し実行する。生徒会担当職員は現地に出ずっぱり、その間、若い我々は生徒と一緒に一人で何クラス分もの山を登るのであった。

他にも生徒会の行事は多い。私の関わった文化委員会に限ってみても、新入生歓迎会、合唱会、年ごと交互の文化祭・クラブ発表会、芸術鑑賞会、講演会、予餞会とあり、行事それぞれに生徒の意向が生かされ、創意が加えられる。講演会を例にとれば、聴きたい話の分野を全校生徒に諮《はか》るのから始まって、その分野の講師について学習を広めながら候補を立て、絞りこみ、決まると依頼の手紙を文化委員長がせっせと綴る。本番までの間、委員会は何回も重ねられ、話し合いが夜にかかることもある。思えばよき時代であった。岡本太郎、安部公房、清水幾太郎、芥川也寸志、無着成恭、幸田文……素晴らしい方々が桁違いの安謝礼(一般相場の五分の一ほど)で伊女に足を運んで熱く語り、その都度生徒の真摯な姿勢に好感を抱いて帰られた。

今の高校教育現場では考えられない行事の多さであり、時間と労力の注ぎ具合である。国全体が物に乏しい時代であった。伊女にはステージ付きの集会場がなく、生徒は芸術鑑賞会でも予餞会でも、その行事ごとに椅子や道具を抱えて当時の市の公民館まで列をなして歩いた。物には貧しいけれど、点数優先・効率第一に明け暮れる現代とちがい、世の中全般がじっくり時間をかけて、手探りの先に輝く大事な何かを学ぼうとしていた。そうした気風が伊女には殊に強かったように思う。折しも同じ学区の島村小学校に戦後教育の泰斗、斎藤喜博が校長として在り、行事を通しての人間教育を実践。伊女でも根岸治男さんはじめ後藤、岩崎など、斎藤喜博の教育理念と実践に大きな影響を受けていた。

行事を創りあげるなかで、生徒は協力、責任といった社会に生きる基本を身につけ、集団であるからこそ可能な自己の発展、実現をこみあげる感動とともに学ぶ。

私が着任した五十九年当時の伊女には生徒の自主尊重の気風が強くあった。クラブ顧問の人選は生徒が直接教師に交渉した。職員会議で制服が議題になったりしても、生徒の意向をまず聞いてからということに落ち着くのだった。生活指導部長の根岸治男さんはいつも生徒の身になって発言される。そもそも職員会議の議長が全職員の回り持ちであったし、校務の各分掌の長は校長の任命でなく、職員の互選で決めた。今の教育現場では考えられないこの議長回り持ちと主任互選の誇り高き制度は少なくとも私が伊女を去る八十年までは続く。

生徒会担当の職員は皆若く生徒とともに理想に燃えていた。そのほとんどが帰宅時刻を気にする必要もない独り者ばかり。遅くまで学校に残って仕事し、なけなしの懐をはたいては街で飲み、執拗に教育を語り社会を語り、そして時には、若手の信頼を集める「おとっつぁん」折田秀一さん宅へ夜遅く押しかける。学校敷地内の住宅に住まわれていた折田一家こそ被害者である。そんなとき折田夫人はいやな顔ひとつなさらず無礼な闖入者を歓迎してくださった。そうしたあと、後っちゃんは汽車で桐生へ、もう帰る便のない泰《たい》さん（須藤泰治）は私の下宿に泊まり、翌朝は誰だったかの詩の一節を二人で口ずさみながら石油こんろで味噌汁を作るのだった。

これは偶然の一致かあるいは必然か、生徒会活動が活発な学校は教職員組合活動が活発であった。群馬では桐生女、藤岡女と我が伊勢崎女が御三家と言われていた。いずれも女子高であるのはあるいは県民性ともかかわりあるか。

時代はすでに戦後の人間性解放の輝きに陰りが見えはじめ、教育委員の任命制に始まった教育界の改変は校長による職員勤務評定がすでに法制化され、教育現場に管理の体制が少しずつ強まっていた。六十年には日米安全保障条約問題が日本全土を揺るがし、私たちもその渦の中に巻き込まれていく。

伊勢崎女子高分会の役員であった後藤さんは組合の会議でも職員会議でも、発言の初めの部分で軽く笑うのを常とした。反対の立場の人を無用に刺激しないための配慮であったろう。そうした当たりの柔らかさも多分あって、年ごとの校務運営委員選挙では定員五人の中に若い後藤さんが選ばれる。単純一途の私は後藤さんのそうした仕草に、なにか老成といったものさえ覚えたのだったが、その老成後藤が私の中で変わるときがきた。下校時間帯、裏庭で私と立ち話していた後藤さんがふいに視線を移し、帰ってこいよ、と大きな声をあげたのだ。相手はいましも自転車で帰ろうとするY先生。機をみるに敏なこの人はその頃いちはやく教職員組合を抜けていた。大声は、戻ってきて一緒に教育を守り戦おうという後藤さんの呼びかけだった。結局Yさんは組合に戻ることなく、その後、いわゆる出世の階段を登っていく。既に組合員であることが管理職への道から遠ざかることとイコールになりつつあった。当然の出世を棒に振った先達が伊女にも服部亮さんはじめ何人かいる。

後藤さんの教科は日本史である。奈良・京都への修学旅行事前学習に後藤さんの出番は多い。体育館で、教室から持参の椅子に座る三年生を前に、教壇積み重ねの特設台上での指導。仏教美術中心に私もなにがしか話をした。或る作品の時代背景を、時の権力者の専横に庶民が苦しんでいたとした私の配布プリントに、後藤さんは「うーん、むしろこの時代は下克上の動きが強かったんではないかなあ……」と、いくつかの史実を例示した。そういうときの後藤さんには、日本史は俺の専門領域だ、という素振りなど微塵もない。

私たちは手作りの配布資料を毎回交換した。Ｂ４版のざら紙にガリ版印刷の後藤資料は簡にして要を得て、美しく読み易かった。そのまとめの巧みさに私は何度もうなずいた。いまも私の持ち物のどこかに、その青い謄写インクの文字を刻む黄ばんだ藁半紙がひっそりと紛れているはずだ。

一九六七年四月、全校生徒に向かい、シンデレラ空想にふけることなく世の事実を見つめて着実に生きろとの言葉を残して後藤さんは伊女を去った。その後、組合の会議などで顔を合わせることはあったが仕事の忙しさにまぎれて日常は疎遠となった。離れていてもお互い精一杯の仕事をしていることは分かっていた。

時代はますます教育の管理体制が強まろうとしていた。そうした動きに高校の教科別の教員組織の社会科部会が強く反対し、中でも日本史研究部会は、各教科の部会が次々権力側に切り崩されていくなかで、最後まで反権力の姿勢を貫いて管理強化に反対した。過去に国が犯した過ちへの反省を心底に、戦争につながる社会の仕組みを専門の立場から目ざとく感じとり、その先を見据えていたのである。当然後藤さんもその戦列にいた。

男子校に移ってからの後藤さんは校務の他にも県のサッカー競技振興に腕を振るう。

一九九七年十一月、高崎烏川近くの画廊で後藤さんにばったり会った。そこは義妹石井喜久枝さんのご夫君、教育者であり画家である石井克さんの展覧会場で、その前の晩兄弟会の集まりが老神温泉であっての帰りだという後藤さんはまだ酒の匂いをさせていた。それが私には後藤さんの最後の姿であり声となった。

時代を共に生き、教育の場で若い命の傍らに共に立ち、同じ願いに燃えた仲間の一人としての後藤亘宏に逢えたことは私の生涯の幸せである。お世話になり、私の粗忽からの不義理もある。それほど遠くない将来、また逢えたら、それらを詫び、後藤さんが逝った後の日本や世界や若者たちの様子を語ろう。

英語研究室から

元伊女英語科教師
折田秀一

私が伊女にお世話になったのは、昭和三十二年四月一日から昭和四十一年三月三十一日までの九年間ですが、伊女に着任して先ず驚いたのは、「英語研究室」がある事でした。当時の高校は殆ど職員は大部屋の「職員室」暮らしでしたので、その頃にしてすでに伊女は大学並みの研究室を各教科毎に持っている先進的な高校でありました。そして、その研究室の一員となった事の自覚と喜びが、私が伊女で英語教育に若い情熱を燃やす大きな切っ掛けとなった事を今でもよく覚えています。

その英語研究室に、一週間に一度は決まって不自由な足を運ばれる校長先生が居られました。この方は東京大学英文科出身で、県英語研究の重鎮でいらっしゃる島瀬誠一先生で、先生は研究室にお入りになると、一人ひとりの職員に、静かな口調で親しく言葉を交わされ、「先生は英語の原書を何冊位お読みになりましたか」等とそっと聞かれ、ご自身の学習体験等も交えられて、職員の研修意欲を自然に高めてくださる有難い校長先生で、この先生との出会いが、私のその後の英語教師としてのあり方を大きく方向づけてくださったと言っても過言ではありません。英語研究室には、主任としての寺村先生をはじめ同僚としての須永先生、木暮先生、根岸先生、笠原先生などが居られ、英語教育を語り、人生を語り合う楽しい相互研修の場でありました。

当時の英語教育は、読み書きを重視する受験英語の時代から、「聞く・話す」英語が唱道され始めた頃で、イギリスの音声学者・語学教育研究家であるハロルド・パーマーの主唱するオーラルメソッドから、ミシガン大学のフリーズ博士の首唱する構造言語学の理論に移行しつつある時代でありました。

英語教育は時代のいかんを問わず「聞く・話す」ことから入るのが正道だと信じて疑わなかった私にとって、この新しい時代の流れは正に絶好のタイミングでもありました。構造言語学の提唱する中心的理論は、英語を読む時に目が移動する単位を、単語ではなく一つの文としてとらえる。つまり従来は、word by word に移行していた目を phrase by phrase に、あるいは sentence by sentence に移動させること。言い換えれば eye-span（目の移動する範囲）を拡大させることが速読につながるというもので、その目の移動する範囲を拡大する単位となるものが、いわゆるsentence patterns（文型）で、その文型をunconscious habit（無意識の習慣）になるまで徹底的に暗誦させることによって速読につなぎ、同時に文法を例文で覚えさせることにもなり、作文やスピーキングにも通用させるという理論でありました。

そこで私は、すでに完成していた「中学英語の基本文型集―三四九文」に続けて数年間をかけ、「高校英語の基本文例集」を作成、授業のはじめ十分間程を使って、その文例集の暗誦度を試す口頭テストに当て、一に暗誦、二に暗誦、三にも暗誦、四に暗誦という私の英語指導原理の徹底を期しました。

その暗誦文による英語指導の効果が十年程前、私の中学校勤務時代の教え子で、早稲田大学英文科を卒業後モービル石油に入社、アメリカン大学大学院に留学した平田行雄さんの著書『私はこうして英語を征服した』（ごま書房）の中で紹介され「私の英語歴の中で最大の幸運は、この暗誦文先生に出会ったこと」などと過分の言葉をいただき、教師冥利に尽きたことも有難い思い出の一つであります。

又伊女時代に行ったこの暗誦文による英語指導は、あくまでも私個人の教育実践の域を出なかったわけでありますが、その後、私が吾妻高等学校に転任してからは、英語科職員全員で「高校英語基本文例集」の改編に取り組み、その指導実践を通しての効果が、卒業後の生徒たちから高く評価されたことも付記しておきます。

暗誦文の外に、伊女出の英語教育で私が実践した指導法の一つにOral Introduction（英語による導入）があります。これは先に書きましたパーマーのオーラルメソッドの理論の具体化でありますが、その時間に学習するテキストの大要を、本を開く前に教師が英語で話してやることにより、生徒に話し、聞く英語の喜びを与えると同時に、大意をとらえてから細部の理解に入るという習慣をつけさせるのがねらいですが、この方法は教師自身のスピーキング研修にも役立ったように覚えています。又先にのべた暗誦文による英語指導と、このOral Introductionによる英語指導の研究授業を、群馬県英語教育研究会伊勢崎支部の方々に見ていただいたことも今はなつかしい思い出の一つであります。

部活動での英語部の指導で、英語スピーチコンテスト県大会三度優勝も忘れられない思い出であります。これは或るまとまった英語の文章を暗誦して五分間以内で発表するもので、発音の正確さ、抑揚、アクセント、内容等の各分野からネイティブスピーカーが審査し入賞を決める群馬県英語教育研究会主催の年間行事の一つで、伊勢崎支部の予選を経て出場となるわけですが、半田さん、大竹さん、小此木さん、各生徒の優勝カップを抱く笑顔が、今でも時々目に浮かびます。

英語教育実践の核は、教師自身の英語力にあることは言うまでもありません。思えば私共が中等教育で受けた英語教育は、専ら読み書く英語に終始し、話し、聞く英語の力は皆無に等しいものでありましたし、視聴覚教材など手に入れる術もなかった時代に、話し、聞く英語を身につけようとすれば、なんとかしてアメリカ人に接触する以外に、これといった方法は見つかりませんでした。そこで私は最初に、当時伊香保温泉にあった唯一の外人専用の橋本ホテルに夏休みを利用してボーイとして住み込みました。

夜遅く京浜方面から到着するＧＩの思い荷物を背負いながら、登る坂道で交わす英語の一言一言は、正に私の血の一滴にも相当する貴重な一語でありましたし、ホテルのレストランで聞く生の英語は、正に千載一遇のチャンスのように耳を傾けて離さなかったのをよく覚えていますが、一ヶ月は余りにも短か過ぎました。そこで翌年の夏休みは軽井沢に出かけ、アメリカ人が住んでいると思われる家を一軒一軒訪ねて歩き、住み込みの仕事があるかどうかを聞いて廻りましたが徒労でありました。翌年も同じことを繰り返しましたが無駄でした。そして三年目にようやく夢がかなえられ、バイブル・インスティチュート・ミッション（聖書学院）という所に農夫として住み込むことが出来ました。来る日も来る日も畑仕事ばかりで、英語に接する機会はさらさら無く、あきらめて帰ろうとした矢先、院長から「よく我慢した。今夜から夜の集会に出て、英語を聴講してよろしい。」との事、飛び上がるような思いで、世界各国から集まって来ている外人牧師たちの会議を聴講、やがて夏休みも終わりに近づき帰る頃は、「通訳として学院に残ってほしい。」という院長の言葉も振り切って、勇躍帰路についたことも、今となっては楽しい思い出、伊女着任前の試練のひとこまであります。

思えば生者必滅・会者定離の言葉にもれず、伊女時代苦楽を共にし、時に感じては盃を重ね合った同僚も一人逝き二人去り、世の無常がひしひしと老骨にしみる今日この頃、余りにも早過ぎた後藤先生のご他界を悼み、心から先生のご冥福をお祈りして擱筆とさせていただきます。

気が付けば〝八紘一宇〟

元伊女生物科教師
関　重保

八紘一宇と大東亜共栄圏という言葉は私の小学校時代の記憶の中心であり、金科玉条でもあった。意味は分からぬままに頭脳に焼き付けられていた。

八紘一宇という言葉を改めて調べてみる。

日本書紀にある〝八紘《あめのした》を掩《おほ》いて宇《いえ》と為《せ》む〟という文を〝全世界を一軒の家のような状態にする〟と解釈して作られた言葉とのことである。しかも、日本をその中心に位置付ける〝大東亜共栄圏〟の構想と連動して作られたものであるらしい。

大東亜共栄圏の構想を提唱したのは近衛文麿内閣である。

第一次近衛内閣の成立は一九三七（昭和十二）年六月四日、その一ヵ月後には〝盧溝橋事件〟が勃発し、八月には第二次上海事変と続き〝日中全面戦争（中国侵略）〟が拡大・長期化の一途を辿っていった時期である。

当時、満三歳になったばかりの幼児である私に、このような国内情勢・国際情勢の推移など理解されるはずがないが、途中、平沼、阿部、米内の三つの短命な内閣を挟んで、第二次近衛内閣が発足したのが、一九四〇（昭和十五）年七月十八日のことである。

この内閣で八紘一宇を基本国策要綱として決定し、第二次世界大戦中の大東亜共栄圏の基本理念として鼓吹していったものである。私は尋常小学校一年になっていた。一年後の一九四一（昭和十六）年七月十八日に第三次近衛内閣が発足するが、対米開戦をめぐる対立から三ヵ月の短命に終わり、十月十八日には東条英機が組閣を完了した。

三年C組の諸姉が誕生した記念すべきこの年は日本の政治家・国家指導者が着々と準備してきたアメリカ・イギリスとの開戦を決行した年であった。

一九四一（昭和十六）年十二月八日、桂萱村立桂萱尋常小学校校庭に整列して「本八日未明、米英両国と戦闘状態に入れり」という校長訓話を聞いたように思う。

不意打ちの効果で当初、連戦連勝の日本軍の活躍に万歳々々とお祭り気分であった庶民は戦況の悪化を知らされることもなく〝物資統制令〟のもと「欲しがりません勝つまでは」を当然のこととして受け止め、空襲の激化にも〝神の加護＝神風〟を信じていた。

一九四五（昭和二十）年八月十五日「耐え難きを耐え、忍び難きを忍び……」という敗戦の詔勅をガーガーと音がするラジオで聴いた。

そして、敗戦のこの日から、敵性語（英語）は一転して教養人の習得すべき言葉となった。英語を話す非国民は英語が喋れる知識人として尊敬される人間に昇格していた。

三年C組の皆さんの大部分が馴れ親しんだであろう幼児教育の絵本〝キンダーブック〟では、マッカーサーは偉い人として取り上げられている。

一九四六（昭和二十一）年四月、鬼畜米英で育てられた少年は旧制中学一年生となった。教科書はない。英語教師にとっては独壇場である。オーラルスピーチの授業が続く。呆気にとられて聴くだけの人と変わり身早く新知識の吸収に努める人との差が開くのは瞬時である。

食糧難以上に、価値観の急変に仰天している者（大部分の国民？）と時代の変化を敏感に読み取る者と多様な世相が現出した。（日本人は本来変わり身の早い国民かもしれない)。

戦時下の言論・思想の弾圧(横浜事件など今もって再審公判が続く)から開放され、自由・平等・民主の日本が誕生した。日本国憲法(昭和二十一年十一月三日公布・昭和二十二年五月三日施行)は主権在民・戦争放棄を謳った。(今、改憲の動き奔流の如し)。

教育基本法(昭和二十二年三月三十一日)では人格の完成をめざし、平和な国家及び社会の形成者として真理と正義を愛し、個人の価値を尊び、勤労と責任を重んじ、自主的精神に充ちた心身ともに健康な国民の育成を目的としている。(これも、改正論議が盛ん)。

教育基本法と同日に公布された学校教育法(法律第二十六号)で六・三・三・四の新教育制度が始まった。旧制中学校入学者は移行措置により、新制高等学校併設中学校生となった。恩恵があった。中学校を終了して入学試験なしで高校生になれたことである。

「金もないのに」や「貧乏のくせに」と言った世評を背にして、典型的な教育パパである父の命令で大学を受験した。めでたく合格して、戦時中の幼年学校の宿舎をそのまま利用した木造の学生寮で生活を始めたのが一九五二(昭和二十七)年四月である。

（山があるからと旧制松本高等学校に入学した後藤亘宏先生はこの年に伊勢崎女子高校に着任なされたのでしょうか、あるいは着任して二年目なのでしょうか？）

新制大学といっても旧制高等学校の雰囲気がそのまま残っている、大正デモクラシーと呼ばれる古き良き時代の風潮が充満している寮生活であった。夜遅くまでの談論は、時に哲学・宗教から政治・経済までの多岐にわたり、知的財産の少ない私にとっては貴重な耳学問の場であった。

鉄道三事件のひとつ、松川事件（一九四九年発生・一九六三年最高裁無罪判決）の被告救援に奔走する者、マルクス・レーニン主義に日本の未来を託そうとする者、学業より学資！　と余儀ないアルバイト（労働）に専念する者、演劇活動・合唱団が生活の中心である者等々、多様な生き方の見本市のような寮での生活を続けて四年、めでたく大学卒業となった。

一九五六（昭和三十一）年四月、免許状は持つが全くの新米教師が伊勢崎女子高校に着任した。待ち受けていたのは、教科指導だけではなく部活動や生徒会活動・生活指導などという未知の分野であり、すべてが目新しくそして際限のない課題であった。

やがて、午後五時半を過ぎる頃になると生物準備室の電話が鳴るようになった。受話器の向こうから「帰ろうや」という誘いの声が聞こえてくる。声の主は後藤亘宏先生であったり、須藤泰次先生であったり、森村正美先生であったりした。時に、服部亮先生や根岸治男先生、そして、あまり酒を嗜まれない岩崎孝先生も一緒になる。

このような時は伊女の校門から伊勢崎駅までの所要時間は平均二時間位であったように思う。一杯呑みながら思いつくままに色々な話が出る。時に「関さんのクラスの○○さんは最近おかしいのではないか、授業に集中していないことが多いよ」。との指摘が出る。

生徒の噂話ではなく、本気で生徒の現状を憂えての発言であり、当に、〝教育は個なり〟ということを気付かせられた瞬間であった。

放課後の部活動や校務分掌処理を終わらせてからの勤務時間外に居酒屋で教育研究を繰り広げる風潮が当時の伊勢崎女子高校には存在していた。そして、その中心の一人は間違いなく後藤亘宏先生であった。そして、私はこの居酒屋教研での唯一無二の生徒であった。

「教育は環境なり」というが、伊勢崎女子高校の七年間は、日常生活の中で、私が先輩諸先生から、教育とは何かを教えられ、教師として育てていただいた時期であったようだ。

戦争の反省は平和運動・労働運動の隆盛に直結した時代でもあった。趣旨説明をした後、統一行動に向かう教師を生徒諸姉は拍手で送っていた。

そして、時代は移る。大学時代理想の国家と教えられた社会主義の国々が相次いで崩壊した。日本も平成の大不況の波をまともに浴びた。一九二七（昭和二）年の金融恐慌以来の銀行・証券の倒産が続いた。老後の頼りの保険会社がつぶれて明日の保障がない世の中となった。

さらに、作られた情報を基に他国の大統領を逮捕する戦争が正義となる時代である。新世紀になっても民族紛争が絶えない。憎しみの教えを受けた少年たちが、疑うことなく排他の思想を形成する。主義主張のぶつかり合う自爆テロに神風特攻隊精神を想起する。

戦後六十年の今年はヒール（悪役）が主役の年であると言われているが、小さな内閣を主宰する小泉総理もその代表の一人なのだろうか。金は出さぬが口は出す改革路線は小さな痛みでなく大きな負担を庶民に強いている。意図的としか思えぬ中国・韓国を刺激する靖国問題、中国と張り合っての東アジア共同体構想での主導権争いなどを見ると、まさかと思うが、経済版八紘一宇・大東亜共栄圏を夢見ているのかという妄想が湧いてくる。

凶悪な世相も気がかりである。朝令暮改の教育界は多事多難、小手先の技術論が先走りして本物が認められず、結果のみ求められているが、教育とは人なりという。素晴らしき先達がいて、素直に受け入れる弟子がいる。昭和三十年代の伊女にはそれがあった。

当時の先生たち

スクーターで風を切って

元伊女家庭科教師
細井蓉子

平成十八年一月十日編集委員の方にお願いして、「雑草10号」（後藤先生の追悼号）を郵送してもらいました。

三年C組の皆さんは、伊女を卒業して四十五年余りが経ち、母校を慕う気持ちが切々と伝わってきて深い感銘を受けました。

すでに還暦を過ぎ、ほっと一息ついて過ぎし日を振り返ると同時に、これからの人生をどう生きるべきかに思いを巡らしていることと思います。そんな折、多感な青春の一時期を、伝統と誇りある伊女に学び、よき先生、よき友達に出会い送り迎えた三年間は、その後の生き方に大きな心の支えとなっていると思います。

文化勲章を受賞された日野原重明先生は、「老いてなお新たに創める」ことを薦めており、これが更に人生を実りあるものにしてくれると提唱しております。「若いころやりたいと思っていたこと、忙しくてできなかったことなど誰でも沢山ある筈です。どんなことでもいいから、すぐ創めてみる、誰のためでもない、自分自身のために取り組んでみることが生きる力、生きる楽しさを生み出してくれる」と言っておられます。私も昭和一桁生まれですが、老いに押し流されることなく、日野原先生の言葉のように、前向きに積極的に生きていきたいと思っております。そんな時にいつもわが身を励ましてくれるのが、伊女で学んだという自信と誇りです。あらためて伊女の先輩の一人として母校に感謝しています。

本書の発行に当たり、私にも寄稿の依頼がありました。思いがけないことで驚きました。あの当時からすでに四十五年余りも過ぎ記憶も定かではありません。正直なところ何が書けるのだろうかと迷い困りました。

「仕事と家庭を両立させた先輩としての体験記録等をお書きください」と編集委員のアドバイスが添えてありました。だんだんと懐かしい皆さんの姿が走馬灯のように浮かんできました。

赤い屋根の校舎〈注〉（現在の伊勢崎市立北第二小学校、宗高町）のあの伝統ある学校で学ぶことはあの頃の少女にとっては、どんなにか大きな夢だったでしょうか。

私は恩師のお世話で家庭科食物担当として奉職いたしました。

仕事や隣人など人との出会いの不思議さを感じますが、一生に出会えるのはほんの僅かな人だけです。伊女の先生方、生徒の皆さん、今にして思えば沢山のことを学ばせてもらいました。伊女での奉職は一生の心の支えになっております。

教員の経験も浅く未熟で、そのうえ所帯持ちになって、家事、育児に追われ教材研究もおろそかになりがちでした。幸いにも人柄の良いお手伝いさんの協力と若いエネルギーで何とかしばらくは切り抜けることが出来ました。その頃は有給休暇の制度もなく、家庭ではまず子供を病気にさせない、絶対に欠勤しない、この二点が何時も頭にありその通り実行したつもりですが、子供のしつけなどは残念ながらおろそかになってしまいました。

こんな中にあっても生徒の授業や学校行事は、生き甲斐で楽しく大いに張り切った毎日でした。春休み明けなど初登校するのは殊に楽しく、ルンルン気分で90 ccのラビットスクーターにまたがって風を切りながらの運転は、胸がすっきりとし心地よい気分を味わうことができました。

その後二人目の出産を機会に勤めをやめ、専業主婦になりましたが、生徒との別れが辛かったのは申すまでもありません。しかし家庭に入ってみて、家庭の機能の大切さを充分知ることもできました。

しばらくして伊勢崎准看護学校に食事療法等の担当講師や、公民館活動で地域の人々の健康づくりのお手伝いを少しずつするようになりました。

六十歳の頃、女子栄養大学・社会通信教育を受講しました。その動機はもっと学習したい、自分のしている栄養と料理の仕事がこれでよいのかを確かめたい、この二つの理由からでした。月例会や夏期スクーリングの参加などを通じて、東京にある栄養大に通ったりもしました。受講することにより食生活の面だけでなく、子や孫を育てる上で大変参考になりました。そして今も毎日一緒に食事のできる夫にも、この受講に側面から援助をうけ、また元気づけられたりもしました。

最後に皆さんの恐らく誰も知らないであろう戦時下の様子を少しばかり書かせてもらいます。

私が最上級生の四年の時、地理の野沢先生に突然召集令状が来て戦地に出征することになりました。この時私たち生徒は日の丸の小旗を振り「万歳、万歳」と叫んで、伊勢崎駅から太平洋戦争の激戦地へお送りしました。先生の痩身の体が一層細く見えたことを覚えております。この日川崎の陸軍部隊に入り、数日後、戦闘の激しい中国大陸に輸送されたそうです。この時も戦時下の私たち生徒は、現実の厳しさに耐えなければならないことを否応なしに体験させられました。

またこんなこともありました。戦争が悪化してきて、ついこの間までの普通教室が学校工場に早変わりして飛行機の部品をつくることになってしまいました。

学校工場では会社から派遣された工員の指示のもとで私たち生徒は一生懸命に働きました。男の先生は兵隊にとられ、女の先生も生徒と一緒に働きました。そればかりか生産が上がらないと、先生は工員に取り囲まれ威嚇されることがしばしばあったそうです。毎日が増産、増産で学業どころではない有様でした。

やがて終戦を迎え、野沢先生や他の数人の先生方が無事帰還し、再び教壇にお立ちになり再会を共に喜び合いました。何はともあれ戦争を知っている世代は強く自分の体験したことを伝えなければならないと思うこの頃です。

〈注〉『赤い屋根』—伊女・戦争体験記録集—平成十二年刊、群馬県立伊勢崎女子高等学校玉耀会

二章

四十五年前の生徒と先生

クラス文集「雑草」から

「雑草」はCクラスの機関誌として、二年生の二月に創刊され、三年生の時、2号から5号、卒業後6号から10号（平成十年）まで刊行された。

（名前は旧姓）

〈雑草1号〉

■巻頭言

ここに「雑草」の発刊をみることとなった。私達の作品は、文芸的な意味をもっているのではない。書くことの苦手な私達が自分の気持ちを、疑惑を、提案を、話し合うためひたすら真面目に記してその作品のなかには、不出来なものもあるであろう。

しかし、ひたむきな真面目な姿勢こそが尊いのである。ヘッセやゲーテの名文を好み、美文をもとめるのも変わった趣向に違いないが、内容のない形式だけの文であったら、その作品の示す価値は無に等しい。今の私達の段階に於いては文学的作品を追求する迄進歩する必要はない。ただ思っていることを大いに書き、人々に理解してもらえたらそれで良いのだ。まとまった作品をもとめることは次の年齢の段階なのだから。

人生で最も花の咲く時は、今の青春の時代である。この溌剌とした明るい私達年代の社会は、どうもがいても再度味わえるものではない。成人した後、あの頃はこういうことも、ああいうことも経験しておきたかったと後悔してもすでに実現の出来ないものなのだ。特に女性に於いては男女平等の世とは言ってもいろいろの障害があって困難なことなのである。

そのようないろいろな事情を考えても、この機関誌の私達に果たす意義は大きい。この機関誌を通じて私達の生活をより向上させ、更に一つのサークルを結成することを私達は目的としている。

（昭和三十四年二月発行）

（雑草1号）

同人の辯

後藤亘宏

ホーム・ルームのプログラムを組むにあたって、クラスで一つの機関誌を出そうではないかという声が出てきたことで、一人悦に入っていたわけなんだが、いまその第一号の原稿を書く気持ちはなんとも言えずこころたのしいものだ。正直言って、ぼくはこの種のことが大好きで、これまで何度か雑誌の発行に関係してきたんだが、いつもきまって自分が原稿を書くのはそのくせ気が重かったし負担でもあった。それが今度にかぎりそういう気持ちの上の抵抗を感じることもなく原稿紙に向かっているのだから、ぼくのこころたのしい気持ちがわかると思う。

さっき、ぼくは何度となく雑誌の発行に関係してきたと書いた。記憶をたどると中学四年生のとき、高等学校を受けようという仲間達九人ばかりで「すずかけ」という同人雑誌をつくったのが最初の経験。（別に中学を落第したわけではない。その頃は旧い制度だったのだから）もっともそのときは印刷された雑誌ではなくて、めいめいが書いた原稿を一冊に綴じ合わせて回覧したわけだが、雑誌のなくなっているいまも同人の交友の方は相変わらず続いていて、この元日のように一堂に会する機会でもあればわいわいがやがや夜を徹して駄弁り合うことになる。その後、高校、大学へと進んでから、ずっと寮で生活していた関係で寮誌の編集にもあたった。いまは大学の研究室を中心とした機関誌を受けとるのが一つのたのしみとなっているんだが、最近高校時代の仲間達が中心となって出している「童説」という謄写刷りの同人雑誌が郵送されて来て、同人にならんかいと勧誘されている。そんなようにあれこれ雑誌に関係してきたんだが、一つ高等学校のとき出したクラス誌のことでも書いてみよう。

　ぼくの高校時代というのは丁度学校制度のきりかわりの時だったので、高校時代と言っても僅か一年しか過ごすことが出来なかった。そんなせいもあってか誰言うとなくクラスで雑誌でも出そうかということになって、すったもんだの挙げ句「ROSEN ZEIT」（バラ色の時代）と銘うって華々しくも（?）出されることとなった。編集にあたったのは四、五年前独立プロの関川秀雄の助監督で原水爆反対を強く訴えた「ひろしま」や、戦争の悲劇をついた「混血児」などにタイトルの隅の方に名を連ねていた熊井という男。もっとも、最近はそういうところでは喰えないせいか、日活に籍を置いている。もう一人は東大の教育学部の助手をしていて、昨年あたりは斎藤さんのお父さんの居られる島小の研究にやって来て、専門誌になにやらその報告などを書いていた新進の学者（?）もっともその頃は大臣を夢見ていて「恋愛だって勉強と同じくらい大切なんだぜ君」なんてからかわれて、いたく感激したことを書いていたんだがその二人。

　いまの文科コースなどよりはるかにクラスの性格がはっきりしていて、文科的肌合いが強かったから若さも手伝って、雑誌の内容も至極調子の高いものが多かった。バイロンに化けそこねた狐と評せられた男が「海底の砂漠のなりたちについて」なんてなにやらいわくありそうな詩を書いていた。若き革命家が革命の路線について書き、われわれ学生の奮起を促していた。また、新しき人間像はかくあらねばならないと大上段にふりかぶった哲学者の論文があった。どうしたことかいまその雑誌が残念ながら手元に見当たらないのでどうにもならないが、それでも作品の数々は高校生活のあれこれと重なって懐かしく思い出されてくるのである。そんな一方では、甘い夢とロマンに浸った「髪を洗う娘たち」なんて創作が前記の助監督氏によって書かれていたし、山につかれた男が山小屋の番人になってへッセと文通したいなんて書いていた。

谷口千吉が例の若山セツ子と結びつくきっかけとなり、三船敏郎がデヴューした作品である「銀嶺の果て」が当時上映されていたが、この男、朝から学校の方は私設休校にして、寮の炊事の小父さんから弁当二食分をせしめ、映画のはねるまで見続けたというエピソードがあるのを思い出す。その頃松本の映画館の二階は大抵畳敷きであったので、山が映っていないときはゴロリと横になっていたということである。いまはそれが善良なサラリーマンとして毎日丸の内通いなのだから面白い。〝愛だ、恋だ、友情だ〟というのも随分あったような気がする。友達に書き送る手紙の形式で一人甘い雰囲気に酔っているものもあったし、倉田百三ばりのストイックなものもあった。

あまり長くなると、一人よい気になってと怒られそうだから結論を急ごう。兎も角、一つ一つは矛盾していたかも知れないんだが、それなりに真剣で、それなりのひたむきさをそこにあらわしていたように思う。そこにお互い同士の結びつきが深められ、また、いま思い出すときそれはこころの故郷としてのやすらぎをおぼえ、明日への力を生み出してくれる。これからわれわれが育ててゆこうとする機関誌がそういう意味で叫びであり、憩いであり、希望であり、すすみでありたい。おもうにぼくなどの仕事は皆に対して「おれは教師だぞ」というくらいどりの考えにおちこみやすい。或いは担任として皆に接することもここ一、二ヶ月のことかも知れない。しかし、この機関誌の中での同人としてやってゆきたいものと思っている。

（昭和三十四年二月発行）

〈雑草2号〉

■巻頭言

私達の「ざっそう」も二歳の誕生を迎えた。この号では関西旅行の紀行文と私達めいめいの進路についての考えとの二つにテーマを決めた。

私達は、この「ざっそう」を作る目的としてただ抽象的なものを掲げ傍観しているだけでは無意味だと思う。

私達の回りにはもっとこの「ざっそう」に托せる多くの問題があるのではないだろうか。というのは最近の私達はそれぞれの進路に向かっての準備で気持ちがおちつかずあせってきた。そのおたがいの雰囲気がクラスをおかしくしていくような気がする。

又個人の感情のもつれからクラスの人達がいやな空気を感じることもある。それに又私達はものを考えることが少ない。時間的に余裕がないのも一つの理由だが、ものごとをいいかげんにすませているからではないだろうか。それで毎日の生活が惰性的で一つところに停滞しているのでは、本当に恐ろしい。毎日が上へ向かっての動きでなくては……。私達はそれらの問題をもっと考え書き、そして話し合っていくべきではないだろうか。そしてそれらは何かをキッかけとして思いがけず活発に発展していくと思う)。(例えばH・Rにおいても同じことがいえると思う)。

そういう意味からもこの「ざっそう」がそのキッかけとなるようにはぐくんで行きたい。

（昭和三十四年六月発行）

「同人の辯」について

森村正美
（数学教師）

「雑草」の同人が、将来すくすくとそれぞれの個性を生かしながら、この「雑草」をよりどころとして常に他の個性にふれ、はげみながら伸びてゆくことを願い、且つ信じながら筆者後藤先生も又この雑草の一本として二Cの同人としていつまでも成長して行こうとする決意は、うらやましい限りである。

あなたがた雑草はやがて一本一本が非凡な雑草になるであろうし、その個性豊かな香り高き雑草の集団は新しき時代を造り担うエネルギーの源泉となるであろう。その時には「雑草」は雑草でなくなるのであろうが、その日の一日も早く……と、夢を託しているのが後藤先生。けだし次元の高いロマンチストであろう。

先生の若き?（まだ勿論若いし、かく言う僕自身も若いつもりだが……）時代の仲間のこともさることながら、その時代に先生がどんなものを書き、何を語り、何を夢見たかについてふれてほしかったと思うのは、僕だけではないであろう。それは他人の過去に対する単なる野次馬的のぞき趣味ではなく、同人後藤亘宏にもう一歩肉迫したいと思う他の同人達の願いだったのではあるまいか。

雑草の同人後藤亘宏よ、あなただけが、もしかすると、もしかするとだ、相変わらず雑草のまま枯れ果てるかもしれないぞ、と、そんなエネルギーが、この「雑草」の『巻頭言』にひそんでいるようだ。

（昭和三十四年）

〈雑草3号〉

巻頭言

皆の熱心な希望によりここに第三号が誕生したわけですが、期間が短かかったにもかかわらず原稿が集まったことを大変嬉しく思う。今回は「現代の社会状勢に対する見方とその対策」に焦点をしぼって原稿を募集し特集とした。一般に私達はあまり政治に関心をもたないと言われるが政治に関する記事が少なかったことは少しさびしい。（別に政治に関するものでなければ良くないということではない）これから社会へ出て行く私達である。学生時代にはどんなことを考え、行っていたかを後になってふりかえって見るのもまた良いものだろう。その意味でもこの「雑草」が果たす役割は大きいと思う。だからそれなりに作る私達自身にも責任が伴うわけだ。すなわち「雑草」の成長は私達皆の成長とも言い換えることが出来るのではないだろうか。社会は決して一人の力では成立しえない。皆の団結と協力が必要なのだ。「雑草」に寄せられる協力の精神がより発達しやがては社会に寄せるであろう協力の精神となるのだと思う。この先どんな困難なことに突き当たるかわからない。だが「雑草」を思い出し、お互いに団結し協力して生きて行けたら……。

「雑草」が私達の団結、協力の一端となれたらと思うのだ。

（昭和三十四年七月十五日発行）

〈雑草4号〉

巻頭言

「雑草」も第四号にと成長して来ました。決まりきった事ながら一つの物が生まれたということは、大変な喜びである。その物がどのような反応を示すかは、その後の問題であろう。今回は「現在の心境について」の特集号とする予定でありましたが、原稿募集の都合上特集はとりやめになりました。しかしながら何かにつけて現在の心境は出て来ている様である。それだけに私達が現在、日ごとに高校生活の最後に近づいている。その心の動揺を物語っているのではないかと思われます。まだ混沌としていて不安でならない実社会へと歩を進めている私達には当然の事と思います。社会は私達にはどんな物であるか全くの疑問です。

その社会人となろうとしている私達に「雑草」を通じての活動は、何かプラスとなっていると思っています。これからの「雑草」はもっともっと成長していくことだと思う。私達個人々々皆、長所短所を持っています。「雑草」も又同様でしょう。そこに価値を見い出し、又少しずつ高めるように努力したい。

今回特に提出者が少なかった事は残念でしたが、決して提出しない誰もが関心がないのではないと思います。すでに余すところ何ヶ月でもない高校生活です。その期間を最も有意義に過ごすために私達は大いにはりきり、あるいはゆるみかけたねじをまきなおし「雑草」にも希望を持たせましょう。

（昭和三十四年十一月発行）

〈雑草5号〉

■巻頭言

誰でも悩みを持っている。ただ違うのはその悩みの大小だけだ。同じ悩みであっても人各々の考え方によって、楽観的にも悲観的にもなってくる。そして、一人一人の考え方の相違によって、他人の悩みの理解が困難になってくるのではないだろうか。だから、自分だけが一人悩みを持つように思え、他人は何の悩みもないように思いがちになる。悲観的に考えれば考えるほど、この考えが強くなり「自分ほど不幸な者はいない」と思い込んでしまうようになってくる。これはどういうところから表れてくるのか。自分中心の考え方がこの原因になるのではないかと思う。いつの頃かの教科書に「コペル君の発見」という文章があった。その中で「人間は宇宙の一原子だ」と書かれてあった。もしそう考えたとすれば、おのずから悲観的な考えからも、ある程度脱け出せるのではないかと思う。人間は誰でも利己主義者だ。まず自分の幸福・快楽を考える。自分ではそうでないと思っていても、つきつめて根本になる考え方をさがし出してみれば、つまるところは利己主義的なものになるだろう。自分はそんなことはないと言ったところで、それがどこまで信用できるかは疑問だ。冷静になって考えてみればきっと、利己主義者の自分をみいだすであろう。しかし、自分を原子の一つだと考えた場合、幾分か自分を犠牲にする必要が生じてくる。が、このことは、どんな生活の中にも起こってくることだから、あまりここでは問題にしない。一原子と考えたとすれば、他人の気持もその人の立場に立って、ある程度理解するのも可能になってくると思う。私達が社会へ出た場合、自分中心の考え方からいくらかでも抜け出していたとすれば、突然の生活の変化にも悲観的すぎる見方をしなくてもすむのではないだろうか。これまで書いてきたことは、最近といわず前から他の人達の様子、考え方を見てき、聞いてきたことを思い合わせて、巻頭言として少しも意味がないかも知れないが、私個人の考えを書いてみた。

（昭和三十五年一月発行）

〈雑草8号〉

巻頭言

高校を卒業してからはや三年。卒業と同時にそれぞれの新しい環境に入り、途惑い、もだえ、あるいは反抗し、挫折し……

を繰り返しながら社会人三年生となった現在、まがりなりにも自らの環境の中で安定し、落ち着きを得ました。

　しかし、安定ということが沈滞と結びついて来ているような気がします。考え方も行動も、周囲の要求する「良いＢＧ・学生」の枠にはまり、自分の頭で考えるという習慣を奪われて、代わりに常識といったヴェールでおおわれています。事実、自分の頭で考えることがなくとも、その日その日を無事に過ごして行く上にはさしつかえなく、却って、その方が好都合である現在、仕方がないと言えば言えると思います。でもそんな態度が知らず知らずに社会を狂わせていく力に荷担しているとしたら恐ろしいことです。

　雑草の仲間達！　自分の眼でものを見、自分の頭でものを考えましょう。主体性を持って行動しましょう。たいへんに勇気のいる事だと思います。でも、私達には仲間があります。仲間は集団の中に自分を解消させてしまうためにあるのでなく、その中で自分をよりしっかりと確立するためにあるのだと思います。「雑草」もまたそのために存在しているのです。

　今回、〝選挙〟を特集のテーマにとりあげたのも、勿論、皆が無事に二十歳になったお祝いという意味はあるとしても、選挙というものをながめていく中で、主体性を確立していく助けになればと思ったためなのです。安定が沈滞と結びつくのではなく、環境や生活に根をおろした独自の主体性を確立していかねばならないと思うのです。

（昭和三十七年九月三日発行）

（雑草2号より）

幸せに生きなければ

児島百合子

人が一番幸せに感じる時、それは、自分の心から望んでいることに、少しでも近づきつつある時ではないだろうか。常に理想に追いつこうと努力していくこと、これは人間として当然為すべき行為であり、一番美しく、そして幸福な姿であるように思われる。

しかし、現代、若い人達で理想を持って、それをめざして生活している人が幾人居るだろうか。（男子はわからないから女子だけを考えて）自分に生あることを喜んで目を輝かせてあゆんでいる人が、どれ程居るのだろう。総て能力次第。能力のないものは、どんどん置き去りにされていく。知能はあっても生きる能力を持たないものは駄目。このことはいつの、いかなる世界に於いても当然のことであるのだろうが、何だかあまりにもひどすぎる。そういった現実に接触して、漠然としながら、自分の能力の限界を知ってうち沈んでいる時、〝少年よ大志をいだけ〟と言っても、こと更、あわれさを深めるだけかも知れない。そして、多くの人が、せせこましい考え方でもって…、本来の勉強の仕方をはづれたところに居って、勉強しているような気がしてならない。そうしなかったら、みんなと一緒に進んで行けないような気がしてならない。

しかし、それにおぼれてはいけないとも感じてはいる。自分自身をはっきりとつかみ、自分は何を望んでいるのかを知り、理想を持ってやっていかなければならないと思う。ばかでかいことでなくともいい、自分が生きていく張り合いを持たなかったら、どうにもならないと思う。そして、人はやはり、幸せに生きていかねばならないと感じる。理想と現実とは永久に一致することはなく、その空間に幸せがあるのだ、と信じている。

（雑草1号より）

夜

板垣映子

物を考えるのを恐れていた少女が
じっと考えようと白い紙を見つめた
白い紙も　銀のペンも

時計の音も　二つの手も
冷たく凍ってしまいそうだった
現実に触れるのが
淋しくて　こわいような心を
冷たい冬の音を聞きながら
凍らせてしまおうと考えた
甘い一輪の花の香と赤い灯が
冷たい体を暖めてくれた
(沢山考えてみたいなぁ)
けれども冬の眠りは
少女を包んでしまった
時計の冷たい音はいつまでも
少女の耳で鳴っていた

（雑草2号より）
私は幼稚園のお姉ちゃんになりたかった

中沢幸子

赤ちゃんのおむつもとりかえてあげられない様だから勿論姪達（嫁いだ姉の子）の着物も、着せてあげられない。才能のない私だから少しおどおどと、

「私はちょっと、あの、幼稚園につとめたいんさ」

すると兄達をはじめ家族の者、親せきの者は、私の顔をまじまじと見て……それでも一個の魂を、夢を傷つけまいとの親切心からか、遠慮がちに「へえ、お前がね、幼稚園の先生にね。えっ！　先生なんていやだがね？　じゃ、お姉ちゃんにね。それ……でね」と。

これにはいつもがっかりさせられた。でもこれに反発する気持ちから「何が、私にだってそう言う素質は大いにあるんだから。ただ家にはその年頃の子が居なくて実験的に試したことがないから一寸現在は実力が乏しいだけのことで出来る、出来る、出来るんだ。今はその方面の能力が潜在しているだけなんだ」と、やたらと威張って自ら自信をつけたものだった。退屈な時、反対にむやみに浮かれて自分を制しきれない時等、私はちっちゃな友達を求めた。女学生がまた……と我ながらはずかしくなる気持ちを、違う「私はやはり

素質が、そうだ、素質があるんだ」と誇りを持ってこの小さな友達に交わったのだ。そのちっちゃな友達の一人が、「僕はA先生が好きだい、B先生なんか」と言った。私に先生を批評する資格は毛頭ないが、(恐れいりながら考えて見るに) A先生は園児を一度も叱ったことがないと噂されている。

従って園児ばかりでなくお母さん達も五割までの人が「子供が幼稚園へ喜んで行く。幼稚園に通う様になったら丈夫になったし又器用に運動出来る様になった云々。」と大喜び、又他の五割までのお母さん方は「家の子供は誰々ちゃんにいつも泣かされて帰ってくる。幼稚園に行くのはいやだと言ってきかないので本当に困ってしまう。園服も誰々ちゃんに破かれてしまった」と散々の苦情である。小中学校などと違って自分の意志や判断から行動する等ということではない。園児位の年はその指導者にそのまま影響される面が非常に多い。先生によってずい分左右される。私の理想から言ってA先生の様に殆どの園児から喜ばれていても余り理想とする先生ではない。成長盛りであって思いきりはねを伸ばさせてあげることもそれは大切であるが、それによっておとなしい園児達は相当な被害をうけている。大きく背伸びをすると同時にある程度の節度も欲しい。自分でやりたいことがどこでもかなえられることが当然だと思う様になられたら困ったことであるから。

又一々注意ばかりしているB先生も余り私の理想とする先生ではない。「さあ、誰が今日は一番おとなしいかしら？　一番静かな列からさよならをしましょうね」これでは自主性も判断力もあったものでない。確かに礼儀はきちんとしていてA先生のクラスにはみられない落ちつきがあるがその落ちつきの中に何か不自然さが感じられる。

先生の顔色ばかりを伺ってこれでは先生は信号同然の役割でしかない。しかもその先生は、いかにも満足そうであるが園児達にとってみれば窮屈きわまりない。あばれたい、伸びたい時期に抑制されきると、又大きくなった後に満たされなかったこと等が、何らかの悪い形となって表れるそうだから。……こう考えてみると本当の意味の良い先生になることは中々大変である。

A先生とB先生をプラスして2で割ったもの、つまり、二人の中間を行く先生になれたら私は自信をもって幼稚園の先生に……でなくても小使いとしてでもいいからそんな道に進みたいのだが、その中間の先生になる難しさを感じない訳にはいかない。一口に、この様にと言う答が出て来るものでない。強いて言えば、自分も一緒に幼児に戻ることだと思う。その幼児に戻るには……私はここで、又つまずいた。「幼児に戻れるはずがない。と、誰かに言われたが、事実、私は戻っている人をたった一人だけ知っている。

その人はすっかり幼児の気持になっていながら、しかも、まとめる力に優れた大人の中の大人でもある人だ。——私はこの世の中で一番感銘を受けた人がその先生である。——三回程その先生の指導ぶりを見せてもらった。あの先生も、仕事から解放されて家庭に帰れば一人の主婦である。決してきれいではない、あの大人の世界をくぐっている人であろうのに、明るく誠実で、どうしても人の持ちがちである暗さや、疲労等、全くあらわさずにいつも慈愛に満ちた眼差しで、しかもゆとりを持って園児達を見守っている。決して大声を出したりせず……それでいて園児達は身体を乗りだし、澄んだひとみは先生のされることに集中している。

―お互いに信頼しきった目と目をかわして―

幼稚園の先生になるのならあの先生の様に父兄が安心して大事な子供を託してくれる様な先生に…と思うが、決して計算や勉強によってあの様な人間性が導かれるものではない。あの先生のされることは、自然子供達に喜ばれる道に通じているとでも思う他はない。

色々考えてみると、私が今迄適材適所と考えていたことは、単なるあこがれの場所でしかなかった様だ。あの様な先生になるには間隔がありすぎると思ったので、この職業を断念したのがもう一年も前のことであっただろうか、簡単にあきらめたわけではない。

今でも時々あの先生を取りまいて楽しく踊る幼稚園のお遊戯会を思い出してはなぜか涙が出てくるのである。

（雑草7号より）

生活記録より　〝絵をかきに行こうョ！〟

常見弘子

×月×日

きょうは日曜日だというのに、朝から雨降りで、しかも大変寒い。やんだかと思うと、すぐ又降ってくる。きょうは私の家へ勉強に来ているぼうず達（まだ頭がくりくりぼうずなので……）と写生へ行く約束があるというのに、相変わらず降り続いている。もうだいぶ前から、絵をかきに連れて行ってと、何回もせがまれていたので、今日決行というわけだったのだ。とうとう約束の午前十時、雨は更に激しく降り続くばかり……。雨天順延とまでは言わなかったけれど、「こんな降りじゃ、出かけて来ないネ。」と言っていると、パシャッ、パシャッと走って来たのは、来ないと思い込んでいた三人の男の子達。しかもかさもささないで……。聞くところによると、三人が家を出た時は、丁度雨がやんでいたので出かけてきたというのだ。すぐ上へ上がって、くつろいでもらった。彼等は雨のため写生ができないと思い、勉強道具を持ってきたのを私は知ったので、「雨降りで写生に行けなくなっちゃって残念だけど、勉強していったら？」とうながすと、三人とも顔を見合わせ、「いいんだよナー勉強しなくたって……。」と言うのだ。何だかちょっとわからなかった。すると今度は小声で、「悪いもんナ……。」と、きょうは勉強を見てもらう日ではないので、勉強はして行きたいのだが、私達にすまないと言うのだ。私はいつも彼等を子供っぽく見ていたが、驚いてしまった。

でも、こちらから勉強して行くように何回も言っているのだから、変に遠慮などせず、勉強していってくれたらなあと思う。子供らしいあどけなさが消えてしまったようでちょっとさびしい。彼等は雨の中を帰ると言ってきかない。貸してあげたこうもりもささずに、どしゃぶりの中を行ってしまった。私は唖然として見送った。それからも雨は二時間以上も降り続いた。――その日の午後、のんびりと昼寝をしていたら、「こんにちわ」の声で目がさめた。玄関には、くりくりぼうずが三人、にこにこして立っていた。「天気になってよかったね。これからでも絵をかきに行こうよ」と言うのだ。――雨こそやんだけれども、すごく風の吹く中でさむかったけれど、それでも、みんなで写生を楽しんだ。もう彼等は、午前中のはっきりしない子ではなく、いつものように、笑顔で写生に興じている彼等を見た。私はほっとした。

×月×日

きょうはアルバイトの日。入浴、夕飯をすませて出かけた。そこは私の家から自転車で二、三分。相手は今、中学二年のボンボン。女学校を卒業する時、後輩より頼まれ、その弟さんの勉強の手伝いも、もう二年目。中学一年当時のボク（彼の家族は、時々彼をそう呼んでいるので……）は小さかったけれど、今では育ち盛りの上に、得意とする水泳の効果もあらわれてか、からだも以前と比較すれば、ずっとたくましく、背丈も大変のびてきている。そんな成長ぶりも私にはうれしい。何だか他人のことではないような気がしてくる。

先日、伊勢崎市の中学校代表者達の水泳大会で、ボクは八百メートル二位という好成績が耳に入った。しかも好記録で……。私はとってもうれしくなり、ボクに、〝おめでとう、良かったわね〟の連発だった。ボクはちょっとはずかしそうにうつむいたが、やがて少々興奮した面持ちでそのレースの状況について、ことこまかに説明してくれた。真っ黒に日焼けしたからだ、そしていろいろ話してくれた今夜のボクは、ことのほか、楽しくうれしそうだった。なんだか普通よりも勉強の能率もあがった様な気がした。きたる八月六日、前橋での水泳大会に出場出来るボクに期待して、今夜はこの辺でペンをおこう。

現在、私は四人の子の遊び相手である。中学二年生が一人、一年生が二人、それから小学校五年生が一人、いずれも男の子である。

私の家へ来る子達を、姉と二人で相手をする。いろいろと教えられることが多い。何かいやなことがあっても、彼等と一緒だと忘れてしまう。少しでも彼等の勉強の手伝いになると思うと、とてもうれしいのだ。教師になりたいと思ったこともそう以前のことではない。少しでも彼等のより良い友達になりたいものである。

（雑草4号より）

強きものよ、汝の名は女

宇敷容子

日本でも西洋でも女性は昔から弱い者と決まっていました。「よわき者よ、ナンジの名は女」という「ハムレット」の中の言葉を女性自身も、男性も真理だと思い込んでいました。——これは堀秀彦著『女性のための人生論』の中の「強きものよ、汝の名は女」という項の初めの一節です。

私はこの文で「決まっていました」「思い込んでいました。」という過去形が用いられていることに妙な感じを持ったのです。それなら今ではそういう考えがないというのでしょうか。人々はそんな考えを持たないというのでしょうか。そこで私は次へ進みました。

ところが次には以下示すような意味のことが述べられてあったのです。「女性は男性よりも強い、頑健である、丈夫なのである。どのような環境の中でも生きてゆける」というのです。だから「どうせ私は女なんだから」という考えは間違っているというのです。気の早い人達はここまで読んで「なんだそんなことか、人をばかにしている」というかもしれません。だがちょっとまって下さい。そして良く考えて下さい。

「女性は男性よりも……頑健……丈夫……」はさておき、次の「どのような……でも生きて行ける」という言葉をちょっと考えてみようではありませんか。なぜ女性はどんな環境ででも生きて行けるのだろう、そしてそれは事実なのであろうか、もし事実なら誰が、何がそうさせたのか、……私達は歴史の時間、女性の歴史をわずかながら学びました。

平安時代の女性の地位から江戸時代の女性のそれに至っては雲泥の差があるように思えます。（表面上だけ）「腹は借りもの」等というとんでもないことを言う当時の男性達に私はにくしみの念を持たずにはいられません。子孫を作る道具として人間並にあつかわれなかった当時の女性達の苦しみはどんなものだったでしょう。夫に気に入られねばさっさと離婚され、家が困り納税できなくなれば家のギセイとなって売られ、しかも女性にはそれを拒否する力さえなかったのです。もっともそういう力があればこんなふうにはならなかったでしょうが…。これでは我慢する以外に何があったというのでしょう。わめいても、さけんでも親や夫のいいなりになるより他にしかたなかった当時の女性達にとって、我慢できるということが最大の武器だったのではないだろうかと私は考えます。我慢するということが良いことか悪いことか一がいには言い切れませんし、それはここで問うところのものでもありません。とにかく私達の先輩達は非常な苦しみを受けさらにはそれを堪え忍ばざるをえなかったわけです。人間誰しも苦しいことに堪えることによって、試練されるものです。なら女性が強くなるということも不思議なことではないでしょう。ところがこの強いはずの女性に一つの弱さがあります。それは劣等感を生み出すところの嫉妬です。女性というものには、とにかく嫉妬という不幸な感情があります。この嫉妬ということについてはやはり堀秀彦は次のように説明しております。「自分の持っているものから楽しみを取り出す代わりに、他人の持っているものから苦しみを取り出す感情」だと……。

また「嫉妬とは自分と他人の優劣を終始考えるという感情でありますが、この比較の仕方が実は大変ケチ臭いのであります」とも述べております。以下その続きを書いてみます。「例えば乞食は決して百万長者に嫉妬を感じません。俺も百万長者になって見たいとは思いません。乞食がいちばん嫉妬と羨望を感ずるのは、自分よりほんの少しばかり景気のいい乞食に対してであります。言いかえますと、人間は自分よりケタ違いにすぐれたものに対しては嫉妬を感じないのであります。学校で自分より少し学問の出来る同級生に対しては嫉妬を感じます。けれどもどんなに勉強ができないことを口惜しがる女学生にしましてもまさかキューリー夫人に対しては嫉妬を感じますまい。嫉妬とは自分たちの小さなサークルの中で優劣を気にするというケチ臭い感情であります。そして小さなサークルで優劣を常に意識して争うからこそ嫉妬深い人間はまことにそのサークルの中では面倒な人間になるのでありましょう」

この嫉妬というものがもたらす結果に二つあります。一つは虚栄心であり一つは劣等感です。ではどうしたら嫉妬や劣等感を私達の心から追い出すことができるか、やはり堀氏の言を借りることにします。

一、自分と他人を比較するという心の習慣をとりのぞくこと。
二、自分を素敵な人間だと思うこと。
三、世間の人というものは決して私達が自分でそう考えまた期待しているほど私達のことを考えてはいないんだ、ということ。

こういう事実を十分知ることだそうです。

今まで述べてきたことについて考えてみると嫉妬や劣等感ほどつまらないものはないわけです。私達はこの大切な一秒をこんなことで費やすにはあまりにも高価すぎるものなのです。とはいえやはり人間である以上そういう感情は捨てきれないでしょう。しかしそれらの感情を少なくすることは不可能なことではないように思います。なるべく減らすようにこころがけていったら本当の意味での強い人間―女性―になることができましょう。これからの時代を背負う私達若人は本当に、真の意味での強い人間、女性にならなければと思います。男女平等、男女同権等の言葉に酔い目の色を変える前に、女性自身の真の姿を見つめて見たらと思います。何でもかんでも女性が男性と同じようになるという考えでは、男女平等ということはいつまでも憲法の中だけにとどまってしまうでしょう―とは堀氏ばかりでなく私もそう思います。個人個人がお互いに理解し、尊敬しあうようになれば、自然と、男女平等などという言葉はとりたてて言われなくなるに違いありません。

女性は強い人間です。努力の仕方によってはどのような偉大なものになるかもわかりません。このような特権を持っている私達です。はりきって、職場へ、学校へ飛び立って行こうではありませんか。

（雑草2号より）

たわごと

後藤亘宏

就職や進学のことが具体的な問題として、われわれの前に立ちふさがってきたとたんになにか余裕を失い、浮き足立っている様子がみられなくもない。前途を考えると「不安」で「焦り」、「暗澹」とし、「敗北」感の中で「孤独」だと感じ、「絶望」だとつぶやく。確かにそういう心境に陥らざるを得ないような現実であるかも知れない。めいめいがそれぞれ描いた人生計画にふさわしい路に胸ふくらませて進んでゆこうにも、どうにもなりそうもない障害が余りにも多いのだから。狭き門という感じは就職するにしろ、進学するにしろ極めて強い。それだけでなく、それ以前の問題にしてからが大変だと思う。女性という立場から来るさまざまの障害、経済的な面からの制約、それらと関連してもいると思うが家人との間でのいろいろな喰い違い。そして地域的な事情等々。しかし、好むと好まざるとにかかわらず、それを避けて通り過ぎるわけにはゆかない。なんらかの形でこれらの問題に対決してゆかねばならないのだから。

ところで、さきに「不安」・「焦り」・「暗澹」・「孤独」・「絶望」・「敗北」等々の言葉をあげた。そして、その帰結は「なにも手につかない。」ということになるらしい。気になるのはこういうきまり文句の裏で、当面している問題に対しての真の解決を生み出す努力を放棄してしまっていることはないだろうか。言葉の魔術に逃げさっている雰囲気はないだろうか、ということである。己れの日常生活のうちにおいて、大事なこと、値打ちのあるものを見のがしながら、なにか抽象的で、夢のようなことを考えてしまいがちのところはないであろうか。「気忙しい」ということが、毎日の生活の弁解や合理化に使われるとしたら、矢張りこれは重大なことだと思う。自分一人で深刻がって、みずからを悲劇の女主人公《ヒロイン》に仕立ててあげてみたところで、どうにもならないことなのだと思う。いまにつながったところに、未来があるのだろうから、いまを大事に、ゆるがせにして欲しくないものだ。

まあ、そうは言っても、あれこれと考えると憂いや苦痛、矛盾はいよいよ大きくなるのが実情なのだと思う。しかし、おなじ悩みやおなじ苦痛を自分一人が感じているのでなくて、クラスの誰でもが、学校全体の者がそういう状況におかれ、日本中の同年代の者が程度の差こそあれ、そのような生活を送っているのだと思う。だから、諦めなさい、がまんしなさいと言う心算なのではない。そうではなくて、悩みや憂いを社会的なひろがりのなかで考えて欲しいものだと思っているわけだ。現実にはそういう仲間の誰かが、はね出されてゆかねばならないという生存競争の下におかれているとともに、それはまた、そういうおもいをしなければならない全体の者たちの問題であるという側面についての認識も必要なことだと思うのだ。

そうなってくると、もう「孤独」や「敗北」ということだけでは済まされないと思う。そこでは、少なくともこれまでと幾分かずつでも変わる筈である。めいめいの持っている問題が主観的なものから、客観的な性格を持つものとして考えられ、質的にも高められた形で考えることが出来ると思う。そういう考え方の中でより正しい解決の方向がみつけだせるような気もするのだがどうだろうか。その意味で、この「雑草」の持つ意味は大きいように思う。またクラスでのさまざまな話し合いや討論は他人事でなく、自分のこととしてうけとめられ、積極的な参加の態度も生まれるような気もするのだが。

高等学校での生活の意味はそういうところにもあるのではないだろうか。これからさき生きてゆく上で、このように社会的なひろがりの中でものを考え、ことに処してゆく生き方が、これからの世の中での正しい生き方のような気がする。産業革命の行われた時代のヨーロッパや、明治の時代ではないのだから。

松本へ出向いて

（雑草4号より）

先日招かれて友人の結婚式に出向いたのを機会に、松本で三日程を過ごして来た。昨年の夏、登山部の生徒と上高地に入り、それから美ヶ原の方を歩いたときに立ち寄って以来のことだから一年と何ヶ月ぶりということになろうか。もっとも、そのときには僅かの時間待ちを過ごしたに過ぎないし、引率者の立場もあったから、言ってみれば松本という土地にただ足跡を印したのにとどまるというところ。とすると随分と暫く御無沙汰をしていたことになるわけである。ところでその三日間だが、遠征の主目的が若い二人の前途を祝福し、併せて仲間たちの旧交を温めようということだった。勿論それに時間が費やされたことは言うまでもない。個々に顔を合わせることはあっても、なかなかガン首を一堂に揃えることの出来なかった十年前の悪童どもがすっかり昔に帰って、新郎、新婦を肴にして、飲み、歌い、駄弁り、毎日々々におわれて忘れ去られた純でひたむきな気分を甦らせたわけなのだから至極愉しかったことは言うまでもない。しかし、実はその外にそれとは反対にいささか腰の重くなる計画も組んでいた訳である。大学の主任教授のところを訪問していろいろと話をしてくることだった。なぜ腰が重くなるかはこれからはっきりとさせてゆこう。

この夏休みのこと、古文書・古記録の整理を委嘱されたから勉強に出て来い、とまあ二度程こういう連絡を研究室の方からうけとったのだが、ご存知のような次第でとうとう行かずじまいになってしまった。そんなわけで先生のところでの話はその仕事の様子のことなどにはじまった。そのうち、最近の動静に話題は及んでいったように思う。そんな話の中で、研究室の仲間の誰それが木曽の山林についての研究が大分すすみ、徳川林政史研究所などへも出入りして大分成果をあげているとか、誰それは文部省の研究助成金を交付されることになり、学術会議の会員にもなれたとか、「くそ、やりやがったな」というような話ばかりが出て来る。「学術会議の会員になど、その気になればあれは簡単になれるさ」とうそぶいてみたところで所詮は不勉強者の気休めでしかない。「それにひきかえ」とやられる段になると、どんどんととり残されてゆく己れの身が思い知らされて、いたたまれない思いにかられるばかりであった。

大体、学校を卒業した三、四年というものは暇をみつけだしては松本に出向いていたものである。それなのに、このところ暫く遠のいていた一つの大きな理由が実はそのへんのところにあったのである。調べものをまとめるための相談や、史料や図書の借用のことで、或いは行き詰まってしまった調べものの打開の糸口をつかみたくて、結婚式などに便乗しなくとも、いくらでも出向かなければならない気持ちになっていたわけである。ということは反対に、どうしても行って来なくてはというキッカケがなくなると、一応は一人前の人間として扱われて職もある以上、暇や金が有り余っている訳ではないから、自然行きそびれてしまう結果となってしまうこととなるわけである。要するに、ここ一、二年というもの学究ということになると、殆ど何もしていなかったことになると言えよう。

勿論、この間ただ日が経ってしまったというのでなく、あれやこれやと自分なりには考え込んだり、悩んだり、焦ってみたりもしたことは事実である。ただそういう場合でも毎日の生活についてそれを正当化する理屈をつけて、それほどにみじめなおもいをすることもなく、或る場合にはむしろそういう学究ということから遠ざかった生活を積極的に肯定すらしていたわけであった。生きている人間を相手にした教育という仕事の重大さを考えると、学習指導の面にしろ、H・R経営というような生活指導の面にしろ、四六時中それはゆるがせに出来ぬものだと言った考え方は格好な一つの理由であった。喜んだり、ホクソ笑んだり、がっかりしたり、自信をなくしたり、兎に角主観的にはムキになっていたふしが無いことはない、と自分では思っている。

また勤務評定の問題であるとか、その他もろもろの政治や社会の動きに関連した組合の活動も亦、己れの生活の現状を納得させるには力があったことは争えない。

まあ、そういうことなどが重なって、忙しいと感じ、またその忙しさが不当なものでなく正当なものなのだから、暫くは自分個人に関する調べものの方は手を抜くことも止むを得ないと考えていたようだ。ボクには未だ教育という仕事と、学究生活というものとが端的に言って両立出来るものなのかどうかよくわからない。

しかし、どちらかというと、両方を満足にしっかりとやってゆくことに関して、極めて自信がなかった。そして、事実として学究ということに関して言えば自信がなかったことも手伝って、教育という仕事に重点を移していた。学究という生活の側面をないがしろにしていったわけである。それならば教育者として純粋で真面目であったか、少なくとも己れの持てるものを悔いなく注ぎ込んできたのか、ということになれば極めてこころもとない。考えてみると、教育という仕事がどうの、歴史を創造してゆく人間の生き方としていまをどうしてゆかねばならぬと力むことも、結局は己れの怠惰なまともでない生活を合理化するための口実であって、日常生活のタルミを正当化するための逃げ口上でしかなかったように思われる。

教育という仕事と学究生活というものとの間にギャップのあることが事実だと仮定してみても、どえらい研究などは出来る筈のものでもないことを考えれば、ささやかで地道な学究であるならばいまの生活の中でも充分出来たように思えるのである。松本で腰の重い思いや、みじめな思いをしなくともよかったのだと思うし、毎日にひたむきさがあったのだろう。またそういうことが教育という仕事の中に、有形無形に生かされ育まれて、いまと違った趣きを持つことになったろうと思われてくる。

一人の人間が二つ三つの仕事を同時にどれもこれもうまくやってゆこうとすることはむずかしいことだと思う。不可能なことであるかも知れない。しかし、だからと言って全てを放棄してしまうことが果たしてよいことなのかどうなのか。しかも、多くの場合まるっきりそれらのことがらが本質に於いて相反していることは少ないのではないだろうか。そんな意味合いでここ何年かの生活をふりかえって見ると、とりかえしのつかないことを仕出かしてきたように思われてくる。或いは先生がボクに期待（？）している学究とは凡そ違った種類の、ボクなりの学究になるかも知れない。（仮に期待に沿うように振舞ってみたところで、その点では己れの能力の限界というようなものを感じているせいもあるが）考えたこと、問題としたことは毎日の生活を都合よく合理化し説明して、そして最終的には己れの論理にだまされて、信じ込み安心しきってしまうような生活態度そのことなのである。

　松本から帰る車中の複雑な気持ちを整理してみたらこんなことになるだろうか、泣き言ととろうが、宣伝ととろうが、皮肉、説教ととろうがそれは皆にまかせるより致し方ない。

（雑草5号より）

若し酒を呑んでいたら こんなことを書き送るでしょう

お便り拝見。大分大袈裟にニュースが伝わっているようで、くすぐったいおもいです。そう言えば、コースや授業と関係なしにオープンで編成されていたホーム・ルームが、コース、或いはスタディー・ルームが即ホーム・ルームとなる、というのを耳にしながら卒業していったわけでしたね。いろいろ憶測することも多かったことでしょう。受験への体制固めととることも、あながちに無理からぬことであったかも知れません。確かに受験ということが考えられたことも事実であったように思います。

しかし、根本的にはもっと大きな集団、つまり、生徒全体が如何にしたら効果的に成長し発展してゆくかということこそが問題であったと思います。勿論その路線についてはいろいろな意見がありました。時間をかけて意見もたたかわされました。さまざまな疑問や危惧がすっかり清算されたわけでもありませんでした。でも、そこに一つの結論が出た以上、その結論を最高度に生かしてゆくことがお互いの間で確認されたと思います。

ですから、ボクはコースというものを、進学とか就職とかいうことで受けとめてはいなかった心算です。ただ将来の進路ということになると、コースの機能上、進学の者が多く集まっていたり、就職の者が集まるところも当然出てくることになる事実を確認していたに過ぎません。だから、ボク自身は文科コースを担任したわけですが、あくまで「文科コースを選んだ者の集まり」という態度でクラスに対しました。もっと正確に言えば、意識の上でそういう集団であらせたいと思ったわけです。もっとも今考えてみると、必要以上にその当初、文科コースであるということを強調し過ぎてしまったのではないか、という反省も持っています。それはボクなりの自己満足を得んがための言動であったようにも思えるからなのです。文科コースという研究者の基盤に無意識のうちにもボク自身が過ごした高校文科の生活があったように思われますから。高校という名称は同じであっても、その置かれていた位置や性格がまるっきり違うそこでの生活が——。

しかし、もっと直接的には、ボクの持っている伊女高生への不満がこういう形で出てきていたと言えそうです。せいいっぱいの背伸びをし、いろいろのことに欲張った関心を持ち、場合によっては調子の高いことを叫び、兎に角、向上しようという意欲に満ち満ちている、ということにならぬものかと。そういう意味合いで、文科生であるという意識を持たせることも一つの道ではなかろうかと考えていました。「文科生なんだから」「文科生らしく」そんな態度でことに臨んでゆくことが習慣化して、「文科生」という冠詞が無くてもそんな態度がとれるようになってくれたら——、とまあ考えていたのです。

そういうアクティブな動きが学習にも反映していったなら、学習効果も大いにあがるだろうし、本当の学習になるように思ったのです。

教師というものが教室で授業をしてゆくこと、それは単なる事務的な知識の切り売りを意味するものではないと思います。知識の背後に流れるもっと本質的なものをこそ、感じとめ、受けとめ、身につけさせようとする願いが秘められているのだと思います。ボク自身の立場で言えば、きれぎれの歴史事項や書名・人名などを沢山頭の中につめこんで、物識りにすることを目指して授業をしているのではありません。一時間、一時間の学習を通して、更に言えば一年間の学習を終わって、唯単に知識が増えたということで終わるのでなく、歴史的で批判的なものの見方・考え方を自分のものにしていって欲しいものだと思っているのです。そして明日に向かって正しく逞しく生きてゆこうとする勇気のようなものが芽生え育ってくれることを。ということは教科書をうまくまとめてゆくということでは済まぬことのように思います。

しかし、実際には真剣になって話をしているとき、それが余分のこととして考えられるのか、教室がざわめいてゆくわびしいおもいを往々にしてなめてきたのが実情でした。その点そういうとき、比較的よく聞こうとしていたボクのクラスに、甘いかも知れませんが文科コースらしさを認めたいと思います。担任の授業だからということも当然あることだと思います。でもボクの願いの一つの反応として受けとめたいと思うのです。何人かの先生も話し甲斐のあることを認めてくれてもいますから。

関西旅行に出るに当たって、事前研究が参考書をただ丸写しにして終わることなく、一つの問題設定のもとに彼女らなりに調べていった態度、また現地でも資料の書き抜きなども利用して積極的に見ようとしていた態度、買いかぶり過ぎるかも知れませんが、一つの結実をそこにみたように思いました。

ホーム・ルームの討論も話し合うことに愉しみを見出すようにまでなったかどうかは疑問ですが、討論の方を向くようになったように思います。そして、ホームルームのプログラムを組むについて同じメンバーが二年やってゆくのだから、定期的になにか継続的で発展的なものをやってゆきたい、という提案がされたことは素晴らしいことだと思いました。まあそのことは実現せずに今日になってしまったわけですが、形を変えて具体化したものがあなたの言われる雑誌発行という仕事であったと思います。文科生意識を持たせることと結びついて、クラスに臨んだ最初のとき、クラスから別れるまでに一度くらい皆で書いたものをまとめてみようではないか。と問題を投げかけた記憶があります。それが年度も終わりに近づいたとき、もっとすすんだ形で生徒の側から具体化されて来たわけです。

二年生の二月に雑誌が誕生して以来、現在曲りなりにも四号まで発行され、間もなく第五号が皆の手元に届く筈です。三名の編集者のうち、毎号二名ずつが交代し、原紙キリや印刷・製本の仕事は割り当てられた当番があたっています。この種のことは余程に企画が秀れ、協力が得られないことには、やがて自然と沙汰やみになってしまうのが通例のように思います。それをまがりなりにもこれまで続けてつくりあげてきたのですから、おおいに評価してやってよいことだろうと思います。いくつかの例をあげましたが、ボクはそこに受け身でない、好もしい傾向を認めることが出来たように思ったのです。

ここまで書いてきて、どうやら大分誉め過ぎてしまったような気がします。実は現在の気持ちはむしろ逆の方向にあると言った方が正確かも知れません。数々の好もしい現象が結局は、ほんものではなかったのではないかという淋しい疑問を持つのです。と同時に、そういう現象だけでボク自身がよい気になって、安住していたことを思い知らされているような気がしているのです。機関誌の発行にしてからが、結局第一号発行のとき既に最終号までの割り当てがされていたこと、それこそがここまで継続してきた理由のようにも思います。なぜ、なんのために機関誌を発行するのか、機関誌に対する新鮮な感動は薄れて、投稿者は固定化してきてしまい、割り当てられている当番が義務的にアルバイトを提供し、多くの者は第三者としてしか存在しない。しかし、出来上がったということ、出来上がったものに対しては、無責任な満足と誇りのようなものを感じている。それが一般的な実状となっているのではないかという気がするのです。

雑誌が発行されても、それが発行され放しであったことが多かったことは、この事実を裏書きしているように思います。投稿され掲載されたものの中には随分考えさせられ、問題にすべきものが多くあったと思います。皆で考え、皆でその考えを発展させる意味で各号に特集テーマがつくられました。いろいろな側面、いろいろな問題視角からテーマについて述べられ、それが討論されてゆく、いわゆるシンポジュウムという形式で、お互いの成長も期待されたのでしたが――。テーマについて問題点が集約され、掘りさげられ、更にそれが継続して次号で発展してゆくということが出来たら素晴らしかったのですがね。雑誌をつくること、それは大変な仕事であり、それだけで誉められるべきことかも知れません。

でも大事なことはそこに如何に対してゆくかということだと思います。投稿はしなくとも、雑誌に対してアクティブに対する態度が出来ていれば第三者ではないと思うし、義務的な参加ではない筈です。それが文科生意識ということと結びつくものであるし、ボクの伊女高生に対する不満とつながるところでもあるのです。機関誌＝雑草がすくすくと育ってゆくということはそこに求められることだったように思えるのです。

その点で八月十五日から就職試験が開始されたということ、一方では大学受験のための生活に本格的に入らねばならないということ、三年生として避けることの出来ない関門にかかったことは大きな痛手でした。せっかくに芽生えてきたものが押しひしがれていったようです。

受験の態勢を整えることと、これまで目指してきた生活の姿勢というべきものとは、決して二者択一というような関係にあるのではなく、後者がもとになって前者もはじめてしっかりしてくるものと思っていましたが――。仮にそれが論理的に正しいとしても、現実にはなかなかそうはいかないものなのですね。ボク自身その場に置かれたら、矢張り動揺し、浮き足立つだろうと思います。しかし、そのために全てがもとのモクアミになって、芽生えてきた好もしい生活態度を置き忘れてしまうようだったら実に惜しいと思うんです。いつの頃からか労せずして、受け身のままで過ごせるものがホーム・ルームのプログラムに多くとりあげられるようになりました。めいめいが出した映画鑑賞の感想文をとりまとめたプリントも余り利用はされませんでした。機関誌が発行され放しにされるようになったのも機も一にしているように思います。

別に映画をみたからと言って、いつもその批評会をやり、読書会や討論会をひんぱんにひらくというような形の上のことを問題にしているのではありません。現実に必要な受験のための勉強を、そのためにないがしろにすることなど毛頭考えているわけではないのです。つねに自分の方から出てゆくこころのうごき、自分の方から働きかけ、つくりだしてゆく気構えについて思うのです。進学就職の影におびえて、いままでの生活を台無しにし、かと言ってその準備にすら身が入らないかにみえる、そういう無気力さを困ったものと思うのです。無気力が無関心とつながってゆくと思うのです。そう言っても、その身になれば不安な気持ちはどうしようもないと言うでしょう。

こう考えてくると、かけがえのない高校生活という時期にのしかかって来ている現実社会の醜さや歪みを痛切に感じます。そういう社会のあり方について怒りすらおぼえます。すこしでもよい社会にしてゆくために行動すること、それがボクに与えられた義務だと思います。組合という組織の中でいろいろな行動をしてゆくことも、そこにつながってゆくものだと思っています。しかし、同時に現実の場を緊急にどうするかということをないがしろにしないでやってゆかなければと思います。その点でいささか弱気で臆病に過ぎたかも知れません。もっと積極的に一つの役割りを果たした方がよかったのかなと思うのです。おずおずとやってみたらというのでなく、押しつけがましく——。

大分おかしなことに書き及んでしまいました。雑誌のことについてお伝えするのが主旨でしたのに――。社研のことについてはいずれ。もっともこれも読書サークルと言ったものです。つきまとう無気力さ、無関心をなくしたいというのが先ず主旨でやっています。

菅平にて

（雑草6号より）

おおかたが先刻に経験しているのであろう話からはじめよう。

ぼくは、いま、この原稿を林間学校の開かれている長野で書いている。引率して来たクラスの生徒たちは二泊三日の生活を終わって、昨日帰っていった。目下は宿舎の管理人というわけ。今日は三日間の生活の中一日に当たるので、主力部隊は朝から登山に出掛け、残留組も三々五々と日本ダボスやキャンプ村の方へ散歩に出向いた様子なので、昼下がりの宿舎はいたって閑散としたものである。朝の仕事も一段落したところで、緑陰にテープレコーダーを持ち出し、録音しておいた音楽に耳を傾けながら原稿でも書こうかなというところ。こういうところは満更でもない。

ところで登山であるが、ここの宿舎から二時間ないし二時間半で海抜二、一九六米の根子岳頂上に行ける。松原湖から八ヶ岳まで登ったキツさに較べると、たいへんに楽な行程である。夜半に起き出して、懐中電灯をたよりに山道を辿るなどという必要は全くないわけである。しかし、行程が楽だというだけで、万事何事もというわけにはいかない。兎に角生徒との山登りの度に感じる気の揉め方には変わりがない。

総体に、生徒たちの山登りはあたかも陸上競技の競走であるかの如き様相を呈することが多い。そして、一人一人がバラバラで、そのバラバラな個人が結果的にはお互いにけんせいし合い、意地悪をし合い、消耗させあっている山登りのように思えてならない。

例えばこうである。歩き出すのと同時に、さながら長距離競走の走者たちがそのスタートで有利な位置を占めるべくせり合うのに似て、お互いにわれ先にと前へ出たがる。しばらくの間、無言のうちにそういうせり合いが続くというわけである。かくて十分も歩けばはやくも先頭と最後尾との差が二・三百米となるのはいともたやすいこと。その差は時を追うごとにいよいよ大きくなることになる。そこで、今度はこんな場面がそこここにみられるようになる。先を行くグループが適宜休憩場所を見つけて休むこととなるが、次のグループがその地点に到着すると、それを機会に「さあ出掛けましょう」とばかりに歩きはじめることが多い。本人たちは無意識にとる行動なのであろうが、「さあ追い抜かれないで行きましょう。あなたたちとは一緒に歩きませんよ」ということになろうか。「やれやれ、やっとひと休みか」と辿り着いたグループの者たちは、さっと席を立たれることで困惑し、気分的にも落ち着かなくなること請け合いである。追い着かれたとみるやその差を離し、といったことを繰り返し繰り返しして登って行くので、誰も彼もが疾走したあとのように、肩でハァハァと荒い息をはずませる仕儀とあいなる。大体、山道での歩き始め四、五分というものはたしかに呼吸が整わず息をはずませることはよくあることである。

しかし、その間に調子が整えられ、ひとつのリズムで休まずに歩がすすめられてゆくなら大抵の場合そう乱れることはない筈のもの。ところがそうではないのは、まさにピット走法的な山登りを続けるためといって間違いはあるまい。人間同士のせり合いによるいたずらな体力の消耗と心理的ストレスが、このようにして各人に加わっているのである。

さて、しんがりを行く手合いであるが、これはまた実に悠然としたものである。おおむねが如上の経過の中で、焦り、消耗し、なかには挙げ句もう駄目だと落伍しかねぬのであるが、このグループともなるとそれらしい様子は余り示さない。その代わり、自分の疲労に対しては素直この上もない反応を示す。所詮一緒には歩けないと諦観してか、五分も歩くと休み、また歩き出したと思う間もなく休憩をとる。およそ時間の経過などには無頓着に気随気儘な歩きぶりである。目的地に何時着こうとそんなことには一向にお構いなし、といったふうにみえる。すこし苦しくなって来れば「よしてしまいましょうか」となる可能性は充分にあるし、仮に登り続けるとなっても、こう離れてしかも泰然とされていたのでは、パーティーの行動にさまざまな支障も及ぼすこと言うまでもない。

こういう集団を一括リードする者の気の揉め方というものがおわかりになるであろうか。

思うに、日々の仲間づくりのいたらなさ。欠陥がはっきりと出てしまっていると言えそうである。登山バスを降り立って、思い思い山道を辿る乗客たちのように、テンデンバラバラなのである。土台、彼女らの中には、みんなしてパーティーを組んで山を登るのだという意識は殆どなさそうなのである。だから、遅れる者、落伍するものがあっても、余りそれを意に介しないようにみえる。立ち停って声をかけるでもなく、とっとと置き去りにしていってしまう。そこで前の者との間隔が開き過ぎるくらいは当たり前のこと、隊列からはるかに離れても、それが自身にも、パーティーにも、どれだけマイナスとなるかに気がつかない。およそ、非能率的で浪費の多い山登りであるように思う。全員が一つのパーティーとして、一緒に山に登るのだという意識があったら、ピッチ走法まがいの登り方はしないだろうし、間隔が開くことで生ずる精神的な焦りや気力の喪失もおこさずに済むことと思うのだが。勿論、山登りというものはそう安易なものではない。体力的にも精神的にもたいへんな苦しさがつきまとうものであろう。おのおのがそういう負担に耐えて登らねばならぬことは言うまでもないことである。

しかし、同時に、その苦しさを仲間たちと一緒に耐えてゆくことで、個人だけではなし得ないアルファーの力が加わるように思う。全員が先をあらそうことなく、間隔をあけず、支え合い、励まし合って、一歩一歩前を行く者の足跡を踏みしめ踏みしめ登ってゆくなら、弱い者も落伍することもなく、大抵の場合揃って目的地に辿り着けると思えるのである。

　その結論を急ごうと思う。これまで山登りというと、先頭をきって走るように登って行く者に対して、自他ともに「強い」と認めてゆくような雰囲気が生徒の中にあったのではないだろうか。われわれを取り囲む世の中はせり合いや競争が普通のこととして存在している。入学試験、就職試験、職場での勤評等々。競争に勝ち抜いてゆかねばまともには生きてゆけぬような世の中なのである。競争の中でたしかに進歩し発展をする面もあったと思う。米ソ二つの勢力の対立の中で宇宙科学が発展したとも言えるだろう。しかし、競争という形でしか進歩や発展は望めぬものなのであろうか。競争という形が進歩や発展の唯一最大の方途であるのだろうか。ところでわれわれは競争が支配する世の中にあって、そういう状況が当たり前のことと思い、そういう枠が根拠となって、考えたり行動したりしているのではないだろうか。そして、無益なエネルギーを消費し、意味もない勝利の快感を感じているのではないだろうか。そのことが本当は自らの立場を返って苦しめ、悪くしていることにも気付かずに。われわれにとって必要なこと、大事なことは、既成の枠の中でものを考え、行動するのではなく、矢張りわれわれ自身のわくをつくってゆくことなのだと思う。それは仲間同士が争ってゆくのでなく、手をつなぎ、支え合ってゆく体制を基調にするものであらねばならないように思える。

いま生徒たちは高原でフォークダンスに興じ、コーラスでハーモニーをうたったりすることを知っている。ひと昔前の生徒であるぼくなどは景色を眺め、あとは草をシトネに寝ころぶぐらいしか能がなかった。ぼくはこれはたいしたことであると思う。集団で喜こび集団で行動できるということは。だが、まだまだそれが日常の生活の中に定着してはいない。バスの中で、宿舎の中での生活で、登山で、キャンプファイアーを囲んでの場で、ぼくはそのことを痛切に感じる。それも、人間を競走に追いやり、人間をバラバラにさせているいまの仕組みの中にあってみればやむを得ないことかも知れぬ。みんなで行動し、みんなで歓び合うことの素晴らしさを、肌で感じ、生活の中へ定着させてゆくために一臂の力を加えること、そこにこそ、ぼくたち教師の果たすべき役割があるのかも知れない。

（雑草8号より）

ひとつのもののとらえかた

――井上清著『現代日本女性史』を読んで

一

昨年末、戦後史、現代史の研究が世に問われ、議論される動きが盛んとなったように思われる。安保闘争からいわゆる日米新時代への移り行きの中での憲法調査会の動向、クーデター、テロ事件等にみられる危険なムード、更にはライシャワー路線と言われる攻勢。そういった動きと無関係ではないと思われる論説がなされる一方では、歴史をこの時点であらためて的確にとらえ、「歴史の担い手である民衆の現在を規定しているものを明らかにし、未来への壮大なヴィジョンをえがき」（歴史学研究会編『戦後日本史』）戦後の民主主義を正しく継承発展させようとする立場からのそれも、また多く発表されている。

本書もまた、著者が「はしがき」の末尾で「日本の女性が、したがってまた日本の民族が、平和、独立、自由の幸福な未来を築き上げるために、何らかの参考になれかし」と述べているように、日本の現実に対する鋭い問題意識の上になされた労作と言うべきもので、そのことこそ、いま参政権を行使するまでになった「雑草」の仲間たちに、この著書の紹介を思いいたった動機なのである。

二

現代における婦人問題、女性解放とはいったいどういうことなのであろうか。著者はその「はしがき」で三つの観点を明らかにしている。その一は男女の平等同権ということが法律の上で実現されることで終わるのでなく、生活の上でじっさいのものとされなければならぬということ。生活のじっさいにおいて、それが実現されていないのは、根本的には現代日本の社会、経済、政治のしくみに問題があるのではないかということ。第二に女性解放とは「女性が男性と平等になるというだけではなしに、女性も、一人の独立自由な人間として、そのすべての能力を、全面的にのばし、存分に発揮できる諸条件をかくとくし、同じように独立自由な男性とともに、幸福な家族共同体をつくり、また社会的にも活動すること」であるなら、単純に男女の平等同権を生活のじっさいのものとするということでは解決がつかないということ。(例えば、同一労働同一賃金の原則が実現されても、現在のような低賃金のもとでは、男にも女にも経済上の独立を保障することにはならない)つまり、男対女という問題をこえて、「社会全体のしくみ、その矛盾に根ざす問題」として捉えるべきであろうということ。第三に、もし戦争がおこったならどうであろうかと考える。「男女の平等も、女性の解放も、あったものではない」「世界の平和と民族の完全な独立こそ、女性の幸福のために、もっともたいせつ」なことであろうとしている。

そういう観点、立場の上に本書の叙述がすすめられる以上、つねに社会、経済、政治のしくみに目がむけられ、それらを背景にして女性の立場が明らかにされていくことは当然のこととなる。そこで、この「現代日本女性史」は同時に、「現代日本史」としての性格も充分兼ね備えていると言ってよいであろう。ともあれ、ではいったい、戦後日本の女性史はいかなる流れをかたちづくっているだろうか。大きくは四つの時期区分が出来ると言う。

第一の時期は日本の敗戦から二三年末まで、曲がりなりにも日本の非軍国化、民主化の策がすすめられ、日本国憲法も制定された時期である。女性は「敗戦と占領の犠牲をもっとも集中的にうけるが、その中で、封建的圧制と差別から法律上の解放が行われ、日本女性のエネルギーがときはなたれた」としている。

しかし、国際情勢が深刻化し、冷戦が激化するにつれ、第二の時期が訪れる。朝鮮戦争、サンフランシスコの片面講和、安保条約の発効の二七年春までが入る。国内ではアメリカの極東の工場として日本経済の復興がはかられるが、そういう中でいわゆる逆コースの現象がみられ、民主的な諸権利諸改革は逆転されていく。女性史の上では男権に対する女権拡張の運動の限界が自覚され、基地反対、再軍備反対、全面講和といった平和運動が組織されてくるが、対立、分裂がくりかえされ結集した力が生み出せない状態にあえぐ。

第三の時期は経済復興がいよいよすすみ、独占資本の発展の裏側で生活格差の増大が大衆を苦しめ、また一方、再軍備の強化とともに民主主義がいよいよ後退していく二九年末までである。そういう中で、生活や権利をおしつぶされていく日本の女性はそこここで立ち上がり、婦人運動が大衆化され、内部の分裂対立もほぼ克服されていく。母親大会や原水禁運動がはじまり、婦団連が結成される。

そして三五年新安保の成立にいたる第四の時期となる。政治的、経済的には戦前以上に復活した独占資本主義を土台に軍国主義、帝国主義の復活がすすめられる。婦人の運動はこの動きに対して「生活と現実から政治的に進出しはじめ――各界各層すべての女性が平和と独立と民主主義のための政治運動に日本女性史上はじめて積極的に参加する」。

三

著者はこの戦後女性史の流れを、幾多の興味ある資料を駆使しながら、具体的にあとづけることで、さきにあげた観点に今日の問題があることをはっきりと読者に指し示しているということが出来るように思う。

例えばここに女子労働者の賃金があげられている。製造工業の女子労働者の賃金は男子のそれに対して、二四年（四三％）、二五年（四五・七％）、二六年（四一・七％）、二七年（四〇・六％）、二八年（三九％）の比率を示している。二五年をピークに下降の線をたどっていることがわかるわけだが、製造工業の生産指数そのものは（戦前を一〇〇として）二五年（八二）二六年（一一五・一）二七年（一二八・二）二八年（一五九・七）とめざましい飛躍がこの間にも行われているのである。それは日本経済の復興をはかるための経済九原則、ドッジ予算という財政経済政策と結びつくものとしても捉えられる。行政整理、企業整備の名のもとの首切りはまっ先に女子に向けられた。その後、経済復興で再就職しても、それは労働条件も悪く、組合の組織率も低下する結果を生み出し、また、朝鮮戦争とレッド・パージで組合活動家が職場を追われたこととも関連して、「男女の不当な賃金差別をなくす力も弱くなった」と説明される。

そういう状況の中で婦人運動が発展する基礎となっているのはいったい何なのであろうか、生活の現実に根ざしたさまざまの苦悩や怒り、願いが行動を通してはじめてその正しい方向を見つけ出し、また政治や社会経済のしくみにまでも目を向け、問題の本質に肉迫していっていることが示されている。喫茶店「不二コロンバン」百貨店「三越」、近江絹糸等々、組合運動などとはそれまで無縁であったとも言える女子労働者が、追いつめられた生活と権利を守るために立ち上がったこと、そのことの経験は「（仮に）第二組合に属しても、組合とか働く者の権利とかの意識は消えない」というように前進するし、警職法の国会提出にあたり、「デイトもできぬ警職法」といった感覚的な受けとめ方からであったにせよ、街頭の政治運動に女性が動き出したことは、女性の政治的社会的関心をたかめるとともに、次の安保反対闘争への高まりへとつながっていく。そのことは日本の婦人の平和運動の発展のみちすじをたどるとき、特にはっきりと捉えることが出来よう。

「世界の平和は心の平和から」のスローガンに見られるように、平和を心の問題として捉えている段階から、平和を政治、経済、社会の全体のあり方の中で考え、しかも女性の解放、幸福というものが平和の問題と切り離すことができないと自覚していく根底には、身近な生活の問題と実感があり、それがさまざまの平和のためのたたかいに鍛えられてきていることがうかがえるのである。

もちろん、それは安易に平坦な道を歩んできたのではない。巾を拡げ、とぎすまされてくる過程では、体制、権力の側からの攻勢、弾圧がさまざまに行われていることが指摘されている。そこで注目されるのは「しくみ」の問題と関連した攻勢である。

つまり、それなりに進歩的役割を果たしながら「政治や経済のしくみとその動向が婦人の幸福と解放にどんな意味をもつのか」と言った体制の問題から目をそらさせてしまう種類のそれである。婦人団体の連合がすすんだ二八年、「平和憲法を守り、軍国主義の復活と反民主主義の逆コースをくいとめましょう」をスローガンの第一にかかげた婦団連が発足するのと時を同じくして、労働省が全国婦人会議を開催しはじめたことなどはその例であろう。そこでは「明るい人間関係をつくるために、婦人はどうすべきかを、さまざまの角度から考え」討議がかわされている。婦人の自己主張の必要が認められ、それだけをとればけっこうなことである。しかし、それは「その体制のもとで、婦人がどんなに活動し、その能力と地位を向上させるか」を問題として、より重大な問題から目をそらさせる役割を演じかねないと評価を下しているのである。

ぼくたちの思考は、えてして、ひとつの体制や既存の枠を、言うまでもないこと＝絶対条件として無意識のうちに承認し、その上でどうしたらよいかと考えたり、判断を下したりしていることが多いのではなかろうか。

四

さて、戦後の女性史の流れとして、日本の女性が徐々に社会的政治的関心をたかめ、運動の大衆化がすすめられていくとともに、政治行動に進出し、ついには男性と肩を組んで全国民的な規模で政治行動を組織していく発展のみちすじを一読して、しかし、私や私たちの周囲には肯けない気持ちが残るかもしれない。その点については言及する必要がありそうだ。これは歴史現象の捉え方の問題と関連することになるが、その現象がたとえささやかなものであるとしても、これまでの動きにない新しいものであるとしたら、しかも、それが未来につながる性格をもつと捉えることができるとしたら、そこに注目し、評価していかねばなるまい。（これは、なにも歴史や社会といったことだけでなしに、ぼくたち個人の生活に関しても言えることである）こういう動きがあるということは、なにも全部が全部そうした動きをするようになったということを意味しないのである。

著者は「むすび」で現代女性を三つの類型にわけている。現状で何とかじぶんたちだけの幸福をきずこうとする型、解放されたエネルギーのやりばがなく、不満を社会的政治的に解決することを認めず退廃的になる型、現状を積極的につきやぶろうとする型にわけられると言う。そして、第一の型が最も多く、第三の型が非常に少ないと言う。それを認めた上で流れを捉えているのである。

もちろん、それらの型は決して固定的なものと捉えられてはいない。その時々の問題により、それらの型は交流し、からみ合い「ひとたび政治的情熱を経験すれば、それは必ず何らかのあとを心の底にとどめる」というように、それが二度三度と繰り返されることで高い自覚も生まれてくる可能性があるとしている。そこに本当の意味の女性の解放がもたらされるであろうことを展望しているのである。

以上、粗雑なまとめと紹介をおわる。勿論いろいろと異論もあろうし、書き足りていないとの不満も残るであろう。しかし、ひとつのものの捉え方として考えてみて欲しいものである。猶、一読の際は「むすび」の戦後女性史の段階のところを先に読んでおくのも一法であろう。

（雑草9号より）

かねがね気にしていること

新聞でも雑誌でも、ラジオも、テレビも「バカンス」というわかったようなわからぬような言葉を氾濫させています。夏ともなれば、この傾向はいやがうえにもあおりたてられているようです。海も、山も、それかあらぬか人で埋まっているとか聞いています。平和のおかげと言うべきなのでしょうか。経済が成長したせいなのでしょう。人で埋まっていること自体に、ぼくはいま毛頭ケチをつける気はありません。むしろ、誰も彼もがそこで愉しんでいることを歓迎すべき現象だと思っています。一昔前には限られた人たちだけの愉しみであったことが、今日ではそれほどにたくさんの人たちに開放されたのですから。

しかし、他面、ぼくの頭にはひとつの疑念が時折よぎります。次にそんなことを少しばかり書きまとめてみようと思います。

汽車で通勤していた頃の話です。(昨年の暮、住所を伊勢崎に移しました) 夏のことであると谷川や尾瀬の山行きのことが、冬ともなればスキーの愉しさが、若い通勤の仲間たちの車中での話題の中心であったように思います。土曜・日曜ともなると、おもいおもいに胸をふくらませて出かけていくようすでした。「山が恋人」であり、「スキーこそわが生き甲斐」といった思い入れを感じさせられました。ほんとうに愉しそうだなあと思いました。

でも、来る日も来る日も、熱心に目を輝かせてそんな話でもちきりのようすを見ていると、この人たちの毎日の生活に対する疑念がおこってきてしまうのです。「恋人」に会えて、「生き甲斐」を感じるのはよいとして、ことによると、その日そのことばかりが愉しみで毎日の生活が過ごされているのではないのかなと思えてしまうのです。

毎日毎日の生活が愉しくってたまらない。そこでは生命が躍動している。生き甲斐・働き甲斐といったものがそこからひしひしと感じられる。そういうこととはまるで正反対の生き方がそこに感じられるのです。現実に、その人たちにとって、生きている基盤である毎日の生活の場が人間疎外の状況に陥っているのかもしれません。だから、そこから解放され、自分自身の思うままにふるまえる山登りやスキーが、自分が自分をとりもどし、人間らしさを味わえるひとときとして、たまらなく愉しみなのだろう、などと思えてしまうのです。

ところで、もし、そんなように毎日の生活をとびだしたいところでしか人間であること、生きているのだという実感を感じられないとしたら、これはたいへんに恐ろしいこと、まったくの悲劇だろうと思うんです。しかし、実はそれと似たケースが案外に多いようにも思います。だとしたら、ぼくたちは、いま、あらためて自分たちが生きているということの意味を、問い直してみることが必要なのではないかと考えるのです。大袈裟に言えば、ぼくたちの生活の一齣一齣は人類の歴史、人間の社会とつながっているのだと思います。そうだとしたら、なにほどかでもそのことと関わりあう創造・建設にしたがう生き方にこそ、ほんとうの生命、生活の充実があるのだろうと思います。（偉大な社会革命家や、華々しい人類解放の戦士たるべし、なんて大上段にふりかぶった言い方をしようとしているのではありません。）そのためには、毎日の生活の中にある事実をはっきりとみきわめることが必要だろうと思います。そして、その上に立って、よりよいもの、より素晴らしいものを築きあげていこうとする生活の姿勢が欠かせないものとなりましょう。そうなればぼくたちの毎日は張りのあるものとなって来ようし、もっと生き生きとして来るように思えます。毎日の生活の場を離れたところでしか生き甲斐や生命の躍動が感じられないような不幸な状態から脱けだせそうに思えるのです。山登りやスキーがそういう生活とつながりをもったものとして愉しめるようになったら、よりいっそう素晴らしいのだと思うんです。

こう書いて来て、ぼくは一つのことに気がつきました。レジャーや、バカンスや、泰平ムードが喧伝されていることについてです。毎日の無感動な生活、そして、そういうことへの不満、それらをしっかりと捉え、見つめていく上に、大きな障害となっているように思います。現実の生の問題から目をそらさせる力となっているように思います。つまり、本当の解決をねじまげ、そらせる役割を果たしているんだと思うのです。そして、ぼくが「歓迎すべきこと」と言ったのと違った意味合いで、喜ぶべきことだと誰かがほくそ笑んでいるような気がするのです。

後藤亘宏先生追悼文から
（雑草10号）

高原での思い出二つ

須藤泰次

美ヶ原へは、ゴッさんに何度も連れて行ってもらった。伊勢崎女子高校の登山部に付いて行ったのである。

松本駅前からバスに乗って、ゴッさんが窓から見える遠い山並みや夫婦の道祖神を案内してくれるうちに、その日世話になる桜清水小屋の前で降りる。老夫婦が待っていたよと笑顔で迎え入れてくれる。三城牧場あたりまで散策して来て、一風呂浴びるとすこし早い夕食がはじまる。ゴッさんと私は携えて行った一升ビンを開けて、小屋の主人を交えて囲炉裏のまわりで酒を飲み出す。「寮祭の時にはネ、酔った連中がネ、歌をうたって町からここまで働い登ってくるんだ。」ゴッさんの話に、主人も相槌を打ちながらコップ酒を啜る。山菜を勧める老妻も主人の肩越しに小さく頷く。殺人的混雑の列車で高崎から東京へ通学した私には、松本での荒々しくも甘酸っぱい旧制高校の生活が羨ましかった。立ち止まれば北アルプスが望まれる城下町で、議論をたたかわせながら学び、飲み、歌い、山を愛すというゴッさんの青春に、部員も私も耳を傾けたものだ。しめくくりには、正調の「木曽節」や島崎藤村の「初恋」を目を細めてうたってくれた。

翌日は美ヶ原高原の山荘に泊まるのだが、ここでも主人夫妻が何かと気を遣ってくれる。ゴッさんも、私たちに高原からの清澄な朝夕の景観を満喫させてくれる一方で、山小屋利用のマナーをたたきこむことを忘れなかった。

松本に下りてからは、松本城や旧制松本高校跡などを案内してもらい、ゴッさん推奨の蕎麦屋へ寄って帰ったものである。

北軽井沢の養狐場近くの農家を借りて林間学校を開設したことがある。費用の足しにしようと、残ったお米を男の先生数人で担いで、夜道を照月湖のある集落まで売りに行った。「月がとっても青いから遠回りして帰ろう……」八月の高原の月はほんとうに青かった。まもなく二十代に惜別しなければならない教師たちが、月の雫にぬれながらかなりの道の行き帰りを、そのころ流行っていた歌を声張り上げて合唱して歩いた。「青い山脈」をうたってから、ゴッさんが呟くように言った。「タイさん、俺は『青い山脈』の映画のバックに流れた『恋のアマリリス』が好きだナ。‐紅い花びらアマリリス窓にやさしく咲いた日に……」私はそのとき、校内の歌声運動を指導していたゴッさんの清潔で甘い魅力を垣間見た気がした。

いつかまた

（元国語科教師）

岩崎　孝

それは重大なことなのにいつも意識の外にある。生あるものはいつか死ぬということ。

広い額の下に少し窪んだ目が優しい。何ぞのときその目の周りにぽっと赤みがさす。伊女の職員会議、意見を述べる後藤さんの顔を赴任したばかりの私は共感の思いをこめてプリントの余白にスケッチした。

教育の現場では上からのしめつけが徐々に強まろうとしていた。日本全体がそのように動いていた時代である。

後藤さんは常に権力を持たぬ者の側に立っていた。複雑な事柄を手際よくふわけして記録する名手でもあった。修学旅行事前指導に用意したガリ版刷りの日本史資料がある。その新鮮なまとめかたはそのまま彼の普段の授業の質の高さを示す証明書でもある。こういうのが仲間に居て助かったとその頃幾度思ったことか。

教育者で歌人の斎藤喜博氏を後藤さんと二人して玉村に訪ねたことがある。自転車かバスか生き帰りのことは覚えていない。それでいてその夜の、偉大な先達が語って下さった教育の精神や、いささか緊張気味で語った後藤さんの言葉などはその場の様子と共に未だに鮮明である。人は出会い、その時どきの関わりの中で生き、そしていつか別れていく。

シンデレラを夢見るなと生徒に告げて後藤さんは伊女を去り、私も学校が変わって行き来は間遠となる。お互い仕事に忙しく、まれに顔が合うと互いの健在をその反権力の姿勢で確かめあった。

そういう関係はまことに迂かつながらずっと続くものと心のどこかで私は安心していたのだ。訃報にまさかと思い、もう手遅れだと無念の臍を噛む。己の不義理と矮小さが胸にどっと湧き上がって容易に静まろうとしない。

ご冥福を祈ります。ごっちゃんいつか又。

（元美術科教師）

生徒の「ごうりき」だった
ゴッチャン

森村正美

後藤さん、どう考えてみても、少しはや過ぎた。

三十年前、伊女二Cの「雑草」が陽の目をみたとき、僕は「あなただけがもしかすると、もしかするとだが、雑草のままで枯れ果てるかもしれないぞ！」と、悪い冗談を書いた。

ゴッチャンは決して雑草で終わったわけではない。最後まで立派な仕事を積み上げていった。生徒の重い荷物を背負って頂上まで共に歩む「ごうりき」であり、いつまでも卒業生の「道標」にもなった。

「雑草」は九号にしてしばらく休刊となったが、伊女卒業生たちには例外なく、一日もたゆむことなく成長していったのである。

そして、ここに十号が陽の目をみるとき、ゴッチャンは、まさしく次元を異にして、あの世で声援を送る立場になってしまった。

私も後藤さんの「同人の辯」にあやかって、おくればせながら復刊「雑草」の同人に加えてもらって、次号には後藤亘宏の思い出にひたりたいと思っている。

（元数学科教師）

歴史の先生

奥沢淑江

後藤先生からの、高校生だった私たちへのメッセージは

「いつも、いつの時も
世相に関心を持ち
新聞を大きな見出しだけでもよいから
見るように心掛けて欲しい」

でした。

この言葉は今でも私の胸の中で、生きています。

師灯明・自灯明

森田詔子

高校の二・三年は卒業後の当面している進路先を決めるだけでなく、その後の生き方、自己の内なる価値基準づくりがなされる時期でもあります。人生のキイポイントを洋服のボタンにたとえるなら最初のボタ

ンかけといいましょうか。

伊勢崎女子高校での二年間、後藤先生にクラス担任だけでなく、高二の世界史・高三の日本史をそれぞれ週五時間ずつ持っていただきました。卒業を前に高三Cクラスの一女性徒は《後藤歴史》のおもしろさに魅かれ、《後藤史観》のフィルターで人生ボタンの一つをかけることを選んでいました。

のっけから話しが四角ばった言い方になりましたが、ひらたく言って、物の考え方の上で後藤先生から受けた影響は大きなものでした。

いま、後藤先生の歴史の特徴を思いおこしますと、先ず、暗記を廃して「考える」知のおもしろさを伝えようと配慮されていました。教科書にはない最新の学問上の論争点を逐次授業にのせてくださって、暗記ではない、「学問」するということの新鮮さに触れた覚えがあります。

女子中・高校生を相手に歴史を担当して三十余年になる現在の私ですが、後藤先生の教材研究の徹底ぶりに思いをはせるにつけ、自分の怠け心を奮起させられます。

授業中の話し方は、ひとことひとこと聞く者の反応を確かめながら、謙虚と思える慎重さでことばをえらび選び、積み上げて論旨を通して行きます。

決して自明の結論を押しつける立板に水という話し方はしませんでした。聞く者に学問的真理に向かっているという自覚をよびおこさせる力がありました。

なにかこう書いてくると、頭でっかちのコチコチの先生というイメージばかり残っているようですが、やわらかなやさしいハートが伝わってくる先生だったことを、まっ先に記すべきだったかもしれません。冷たいからっ風の吹き込む板廊下を歩いている時など、社会科研究室にたちよってぬくもって行きたくなるようなあたたかさが先生の居るところにはありました。

先生と話をする時、正面にある先生の顔の中で、馬の目のようにやさしく見開かれた目に見入るのが好きでした。話に集中している目の真ん中の黒いひとみに、自分の顔が写るからです。いつもうるみをおび、そして澄んでいた先生の目が高校の二年間のうち三回、まっ赤になっていたことがありました。前夜泣き明かしたにちがいない、はれ上がってぼたぼたした赤い目でした。そんな日でも先生は顔を生徒の正面に向けて、一人ひとりと目を合わせながらいつもどおり、授業をされました。

突然先生は旅立たれてしまわれました。わたしは先生のひとみに写っていた自分の姿を、今も手応えのある感触で思い描くことができます。きっとわたし一人でなく多くの人が先生のひとみの中に自分をみつけ出していたのではないでしょうか。

先生がともしてくれた灯は、この先みえない時代を歩く私の自灯明になっています。

「歴史の流れを見なさい」と

天田美恵子

「後藤先生」というと、まっ黒い髪にちょっと猫背ぎみで、ちょっぴりはにかんだ様な笑顔が浮かんでまいります。そしてどういうわけか、私の思い出の中の先生は、茶色い縦縞の背広姿で黒板の前に立っていらっしゃるのです。

先生は歴史の授業の中で「細かいことよりも大きな歴史の流れを見なさい。何故時代から次の時代に移っていったのかその過渡期をしっかり把握することが一番大切。」といつも強調しておられました。

この教えは単に歴史の勉強に止まらず、その後の私の生き方のポリシーの一部となっております。物事の節目節目をしっかり捉らえよく認識し、次のことへと連鎖させてゆく時にいつも適応させていただいております。

今、学校司書をしておりますが、日常子どもと接する時、歴史の授業の時などつい「大切なことはね……」「歴史のポイントはね……」などと、過渡期の大切さを先生の授業を思い出しつつ、多岐にわたって伝えています。

又、確か「社研」は先生が顧問をしておられました。はじめに「財閥」という小さな文字のポケット版の本が課題として与えられました。オカタク読みにくい本は全く苦手でしたが、なんとか完読した後は、どのような本も抵抗なく手に取ることが出来る様になりました。子ども達にも「何でも良いから一冊完読してごらん。本が宝物に思えるかもヨ」などと言っております。このご指導も私にとりましてかけがえのないものでございます。

ですからいつか必ずお会いして、先生から教えていただいたことが今でもこんな形で生きていますよと、感謝を込めてお伝えできる日を楽しみにしておりました。でも今となっては果たすことはできません。亡くなられたことをお聞きした時、とても悲しくそして一番後悔したのはこのことでした。手紙でも良い、電話でも良い今迄どうして何らかの形でお伝えし、お礼を申しあげなかったのかと……。あのちょっとはにかんだ笑顔で、すぐ目で見ることの出来にくい教育の成果を後年ちょっぴり垣間見て、きっときっと喜んでくださったことでしょうね。

先生を追慕しますことは、私たちの思い出と重なります。大人への過渡期である高校時代を良き師・良き友に恵まれ、楽しく有意義に過ごせましたことを心から感謝しております。

《生徒会誌》から

私たちの在学中の昭和三十四年、三年生の時に《生徒会誌》4号が発行されている。A5判、一五二頁もの立派なものである。

その中の一つ、〈私たちの就職をめぐって〉と題した二段組・十八頁の座談会がある。出席者は三年生の各クラスの代表六人と先生方五人、それに編集委員の二年生の司会者の一人である。

私達のクラス・三年C組の代表として参加している大塚國江さんのことばから拾ってみた。当時の女子高生が、どのようなことを考え、進路を定め、そして社会に出たかという状況の一面が伺えることと思う。

〈どんな希望を持って会社を受けたか〉という質問に、大塚さんは「ただ資格をとっておけばどこかへ入れると思ったので、公務員試験を受けた」と答えている。つづけて「もちろんサラリーも大事だけれど、一番大切なのは人間関係だと思う。生活の大部分が職場になるわけだから、いやでもそこに集まっている人に影響されると思うので、どんな人が集まってるかと、人のことを考えた」と言う。

〈東京に出ることに親の反対はなかったか〉の質問に、

「家の人とゴタゴタした。最後まで父とやり合っていたけれど、ここで意志を曲げちゃうとあとで後悔すると思ったので、絶対あとへひかないつもりだった。

公務員試験も自分で東京に決めて受けてしまった。やりたいことをしてしまう方が良いと思う。それには自分の方もしっかりしたものを持っていなければならないと思う」

と、しっかりと自分の意志を持ってとおしている。当時は女子が親元を離れて、まして地方から東京へ出て生活するということは親の反対があり、大変なことだった。

ただ資格をとっておけばと受験して、公務員となり退職までキャリアウーマンとして勤めを終えた大塚さん。退職した現在、退職後の過ごし方を、「自分の時間は自分で作る」とおっしゃったことばが忘れられない。

（S）

〈生徒会誌　昭和三十五年度行事一覧から〉
四月二十七日　映画鑑賞「野ばら」「鉄道員」
五月四日　芸術鑑賞会「泥かぶら」
七月三日　岡本太郎氏講演会
十一月十七日　映画鑑賞「にあんちゃん」「今日もまたかくてありなん」
一月二十七日　安部公房氏講演会
三月八日　伊藤京子（ソプラノ）独唱会

三章　それぞれの今

原始、女性は太陽であった！

堤　靖子

二〇〇五（平成十七）年六月、元伊女のクラス会があった。

年はとっても十代の頃の友はいいものだ。四十何年ぶりかで会ってもすぐ昔に戻ってしまう。そして年をとるごとに、昔を懐かしむ気持ちが強くなるような気がする。

今まで近くにいながら、疎遠だった友とまた新しい出会いがあり、友情の絆が深まる。集まった仲間はそれぞれに、人生の荒波を乗り越え一同に会することができた。そのことに感謝しつつ、今ここに来られたことをありがたいと思った。

一人一人が近況報告して、その話に涙したり、笑ったり、伊香保温泉の宿に集った面々は皆、顔の皺は増え年相応な体型にはなったが、昔の少女に舞い戻った。昔と少しも変わらない張りのある顔の人や格好いい人がいたりすると羨望のまとになる。

私はビールに酔った威勢で、「原始、女性は太陽であった」の言葉を持ち出し「月のように、太陽の光を借りて光るのでなく自らが太陽として輝こう」と一席ぶってしまった。

私の思想に強く影響した担任の後藤先生は亡くなられて久しい。今ご健在ならばどんな話をしたろうか。歴史の先生らしく、今の世相を愁いたことだろう。

先生にはよくお世話になった。喫茶店でよくご馳走になったし、労演の前身の芸術鑑賞友の会を伊勢崎で立ち上げた時、観た後の合評会には高教組の仲間を何人も動員して下さった。

思い出話に花も咲くが、やはり今どのような生き方をしているかが問題になる。平塚雷鳥が先の言葉を世に発表してから何十年たつのだろうか。まだまだ女性は陰の存在に甘んじていたり、我慢を余儀なくされている現状がある。

しかし連れ合いを亡くされて数年して、色んなことに挑戦しながら輝いている人もいて女は強く逞しいものだという実感もあった。

そして、皆の話に年老いた親のめんどうを見ている、老々介護の現実が重くのしかかっている話がいく例もあった。

高齢化の世になって、やはり負担は女性の肩にかかる日本の福祉のお粗末さがあった。我がクラスは文系で卒業してから何度も「雑草」という機関紙を出してきた。今回も幹事のアイディアで住所録に近況を全員が書いた。それぞれの生き様をそこで垣間見ることができて楽しかった。

ともあれ二年後のクラス会がまた楽しみである。

個性あふれる集団が待っていた

井澤智恵子

伊女に入学し、授業が始まった時、各教科に違う先生が、それも専門性にあふれた先生がつぎつぎに登場されて来られるのに直面した時、それは田舎の小さな中学校から行った者にとっては、ひとつのカルチャーショックとでもいえる程の大きな驚きでした。

一学年二クラスの小さな芝根中学校には、教師は校長以下十一名しかおりませんでした。必然的に一人の教師が数学も国語も家庭科もという具合に三教科も四教科も受け持っていました。これが学校の姿として極当たり前だと思っていた田舎の少女にとって、伊女の授業は別世界に入ったほどに新鮮で感動的、学校とはこういう所なのかとはじめて知ったのでした。

英語をしゃべる英語の先生、古典の名文を空んじている国語の先生、歴史や文化を幅広く、奥深く語ってくれる先生、先生方の深い知識に驚き、その知識を裏付けている知性を感じ取って、自然に学校や先生に対して全幅の信頼をおいていたのでした。自分の学習の遅れに脅えながらも、伊女は私にとって全く新しい世界だったのです。

一年経って、私にとって本当の意味での伊女であったC組というクラスに組み込まれた時、そこには個性あふれた集団が待っていました。一心に勉強する人、スポーツに汗する人、絵を描く人、音楽する人、白熱した議論を展開する人、それぞれが皆、あこがれに価する人に思え、平凡で何の特性もない自分を卑下しながらも、こうしたクラスで高校生活が送れることに言い知れぬ満足感を味わっていました。クラスメイトのエネルギーに圧倒されながら、学業もスポーツも芸術も何一つ秀でたもののない私は、それを補うためにひたすら読書にふけり、それをただ一つのよすがとしてクラスの一員であろうとしていたものです。本当に読めていたのかどうかはともかく、他人よりもせめて一冊でも多く読んだと思わないことには、輝くクラスの仲間の中に存在できないような心細さを感じていたことも事実でした。周りは一人残らず自分以上で、自分と同じかそれ以下の人は一人としていないと感じられ、こうした焦燥感は以来ずっと続いていて、何だか自分自身に安心できた時がないような感じを今でも抱いています。

年を経て、昨今では読みやすい小説を中心に、月に三、四冊という読書量になってしまいましたが、懲りない活字好きも、もとを質せばC組の中で育てられたのではないかと思われ、そうだとすれば有難くもあり、不思議な思いもします。長い年月の間——大学時代、吾妻高校の教師時代（何と折田秀一先生と一緒でした）、三十年にわたる因島・瀬戸内時代を通して、実にさまざまな人と出会い、交流し、多くの影響を受けつつ生きてきましたが、どう考えても生き方の原点はC組にあったと思わざるを得ず、今までもそうであったように、これからもC組の仲間の一員として、彼女たちの気配をどこかに感じながら、そしてその刺激を受けながら生きてゆくに違いありません。

私の歩んできた道

金子洋子

先日、桐生短期大学で、女優・劇作家・演出家として活躍中の渡辺えり子の話を聞く機会がありました。話を貫いていたのは「命の尊厳」であったと思いますが、その演題が「歩いてきた道、歩いてゆく道～舞台に恋して～」でした。

この話を聞いて、私も自分の歩んできた道を振り返ってみることにしました。

私は昭和三十五年四月一日～四十年三月三十一日までの五年間、今、大企業になっているサンデン（当時は三共電器）の技術部設計課に勤めました。入社四年目、小さい頃の夢でもあり次兄が教員をしていた影響などもあって、自分も教員の免許を取りたくて、昼間は会社、夜は太田にある関東短期大学（分校）に通いました。

受験に際しては伊女卒業後、三年も経っていましたが、色々な証明書の発行等々で後藤先生には大変お世話になりました。

私の生まれは赤堀で、バス通勤でしたが、田舎路線のためあまり本数は多くはありませんでした。最終バスが夜九時二十二分に伊勢崎駅を通過するので、何としても太田からの東武電車に間に合うように乗らなければなりません。学校は太田駅から結構遠く、バスに間に合わせようと走り通したこともありました。学校生活はたった二年間とはいえ、日曜日などは館林の本校で体育やその他の授業もあり、結構きつかったのですが楽しさもありました。

そして二年目は教育実習。最初は伊勢崎市立北幼稚園、しばらくして今度は母校である赤堀小学校での実習でした。母校にはまだお世話になった先生もいらして、恥ずかしさもありましたが先生方にとてもお世話になりました。実習の間はもちろん会社は欠勤しました。教員免許を取ろうとしている者、言ってみれば間もなく会社を辞めるかも知れない者の願いを認め、文句も言わずに休ませてくれた会社は、本当に理解があったなあと感謝しております。短大での勉強は形ばかりのものだったとは思いますが、働きながら幼・小の二級普通免許を取得できたという意味ではとても有難かったです。

そして県の教員採用試験があったのですが、その試験で自分でも不思議なくらいよく覚えていることがあります。それは面接試験でのこと。当時、組合運動がとても活発でストなるものも頻繁にありました。教育関係者などのおエラ方の前で一人ずつの面接で、「もし、あなたのやり方・考えが、校長先生などのそれと合わなかったら、あなたはどうしますか?」と問われました。私はたいして困りもせず「分かってもらえるまでよくお話しします」、ややしばらくして「それでも分かってもらえなかったらどうしますか?」、私はそれでも「分かってもらえるまで時間をかけて何回でもお話しします」と答えました。

私の一途な熱い思いは届いたらしく採用試験に合格。そして卒論提出。なんとか卒業することができました。まだ学校から採用されるかどうか分かりませんでしたが、三月三十一日をもって五年間お世話になった会社を退社しました。

そしたら、何と退社五日後の四月五日、病休補助教員として採用され、伊勢崎名和小学校に、翌年には正規の教員として伊勢崎南小学校に勤務することになりました。南小は一学年八クラスもある大きな学校で、三年生の担任でした。その時の教え子は四十八歳になっていますが、今でも賀状の交換が続いています。

教員二年目、縁あってその年の秋に結婚。祖父・父母・弟妹のいる八人家族、長男の嫁という環境でしたのに、翌年の四月から玉川大学通信教育の三年に編入しました。教員としてやっていくにはやはり一級免許がなければという熱い思いからでした。

家族のことまで書くのはちょっと憚りますが、同居の主人の祖父は元村長さん、そして父は元助役さんという立派な人ぞろいの家族でしたが、私の希望には何のブレーキもなく同意してくれました。

そして南小二年目と三年目の二年続けて、夏休み中一杯東京町田にある玉川大学の学校の近くに下宿して、スクーリングに行きました。とにかく若い内にスクーリングだけは済ませておこうと思っていました。しかし跡取り息子の嫁としてそろそろ孫が待ち遠しくなってきた家族の様子がひしひしと感じられ、二年目のスクーリングには長女を身篭っての出席でした。よく娘から冗談に「あたしはお母さんのおなかの中で大学の講義を聴いていたんだよね。」などと言われたものです。普段の生活では日々の授業のための教材準備や成績処理などで精一杯です。大学のレポートは休みの日や日直の時などに集中して書きました。

話は変わりますが、嫁いだ時に主人の母（姑）から言われたことがあります。それは「餅搗き、赤飯などの行事食や祭りごとなど、代々引き継がれてきたものを自分の代で途絶えさせてしまうのでは、ご先祖さまに申し訳ない。私は何でも一通り教えるよ。それをやるかやらないかは洋子、お前の考えでいいから」と。う〜ん、何と重い言葉。「あれもやりな、これもやりな」と指示されれば反発もしただろうけど、きちんと筋を通して話されると不思議なもので、自然と「自分もやらなければ」という気持ちになります。何と賢い母だったのでしょう。そんなわけでいくぶん簡単になっているものもありますが、未だに殆どの年中行事を淡々と続けています。例えば七草粥・初午節分の行事食・お節句・春秋のお彼岸・盆棚飾り・恵比寿講のお飾りや行事食・年末の餅搗（石臼で）やお飾り等々。今の世では失われつつある暮らしの一面かもしれません。

さて、私は長女に続いて長男を出産し、学校は南小から大胡小に転任。温かく賢く時には厳しい主人の母に二人の子供を見てもらい、多忙ではありますが充実して仕事を続けていました。教職経験も年を重ねて校内での色々な仕事も重くなってきました。教育実習生の指導担当をしていた年、放課後の打ち合わせ中に当時小二だった娘から、職場に電話が入りました。それが母の闘病生活の始まりでした。当時はまだ看護休暇という制度はなく、教員組合で県庁に座り込んで要求していた頃でした。母の入院・手術・再発と厳しい生活。夜の付き添いで病室のスタンドのもと、通知票を書いたこともありました。その大事な大事な母も娘が小六・息子が小三の夏に、六十八歳というもったいない年で帰らぬ人となってしまいました。

その後は父に留守番を頼み、地元の新里東小、新里中央小と勤めを続けました。留守を守り、孫たちをとっても可愛がってくれていたその父も中央小勤務三年目、九ヶ月の闘病の後に亡くなりました。私はもし父が病気になったら、自分も年をとってきたし勤めを辞めて看病しようと思っていました。

そして最初の入院の時、そのことを主人の姉弟たちに話したのですが、「気持ちは有り難いけど」と、言って私の退職は勧めませんでした。それで私は迷わず看護休暇を取り、出来るだけの看病をしましたが、父は二度目の入院で八十六歳をもって永眠。その頃、長女・長男とも新里を離れていたので、初めて主人との二人暮らしとなりました。鍵っ子状態で夫々の勤務に励みました。そして新里中央小八年目、要するに最後の転任をしなければならない年、私は四年を残して三十三年間勤めた教職にピリオドを打ちました。

早い退職に驚いて「どうして？」とか「もったいない！」などと言う声もありましたが、他にもわけがありました。それは県庁職員であった主人の退職です。そしてもっと大きな理由は懸案であった築百年あまり経っている住まいを壊さないで手を入れるという、気の遠くなるような大仕事です。男一人の対応では不可能？　私が退職してからでは体力・気力に不安ということで主人と一緒に退職しました。そんなわけで退職にはあまり寂しさを感じないで済みました。

庭木の移植、門の移動から始めて、古い品々の整理、持ち出し、仮住まいの設置と忍耐の要る日々が続きました。殆ど毎日五人の大工さんに掛かってもらう大仕事で、約一年かけて念願の改築は終わりました。床下も鉄筋コンクリートで固めてあり、請け負ってくれた工務店さんからはあと百年はもつと言われ、決断してよかったと思っています。また我が家から巣立っていった叔父・叔母そして姉弟たちが、柱、鴨居、建具等もそのまま、昔と殆ど変わっていない座敷などに、寛ぎ喜んでくれるのを見て、本当に大変だったけど苦労の甲斐があったと実感しています。嫁の勤務の都合で少し離れて暮らしている息子たち一家も、この家を気に入っているようです。

改築の済んだ頃から地元の仕事に色々と引っ張り出され、私も主人も夫々に結構多忙？な日々を送っています。今は主任児童委員や子どもと親の相談員・福祉施設での奉仕活動や役員などしています。これまでもまたこれからも一番気合いを入れて続けていきたいのは、無農薬、有機肥料による安全・安心野菜の栽培です。また花も誰にも負けないくらい（冗談！）好きなので、心ゆくまで楽しみたいと思っています。

これまでの人生を振り返ってみたとき、なんて少し大袈裟かもしれませんが、私が今最も感謝しているのは、自分がやりたいということをやらせてくれた両親、そして主人はもちろん嫁ぎ先の家族たちです。また、そのパワーの素地を育んでくれた伊女・後藤先生や三Cの仲間たちです。

最後に忘れられない言葉として、新里東小勤務の頃、校長先生が卒業生へ贈る言葉の中で「よいこととは後味のよいこと、悪いこととは後味の悪いこと」とおっしゃったことです。噛めば噛むほど納得できる言葉で、外側からの見掛けはともかく自分の心だけが知っている感覚だと思います。自分の心に恥じないようにこれからも温かい気持ちで過ごしていきたいと思います。

教師の仕事を終えて

奥木玉枝

四年前、三十八年という長い教師生活を終えた。私が教師になろうと思ったのは、伊女一年生のとき、英語を教えていただいた折田秀一先生との出会いがあったからである。折田先生は何もご存じないと思われるが……。先生は、英文和訳等の課題を私達に頻繁に与えチャレンジさせた。田舎の学校でのんびり学んでいた私は、必死に取り組まなければならず、夜遅くまで学習したことを思い出す。先生のすばらしい発音、流暢な英会話力、いろいろと工夫された指導方法等により、英語が楽しく思えるようになった。

当時は、私達の町はもちろん、県内には外国人が少なく、英会話力をつけるのは大変であったと思われるが、先生は軽井沢や米軍キャンプにまで出かけて学んだ、と聞いたことがある。

昭和三十年代は、教員になるのは狭き門であった。大学を出ても家から通えない遠くに就職するのでは、と教員になることを父に反対されていた。しかし三年生の進路相談の時、担任の後藤先生には、「自分の好きな道を進んでは」と勇気づけられ、教員の道を選ぶことにした。後藤先生は、あまりせかせかしないでどちらかと言うと、のんびりしており、いつも私達を大きな包容力で温かく見守って下さった。安心して相談にのっていただけた。幸い大学を卒業した年に、隣町の中学校に勤めることができ、さらに結婚を機に前橋市の中学校に転勤、定年まで英語の教員として働くことができた。

折田先生や後藤先生のような先生になりたいと思いスタートした教員生活、ずっとその気持ちを持ち続けがんばったと思っている。長い教員生活には、楽しかったこと、大変な思いをしたこと等、沢山ある。

特に英語教育においては、社会の移り変わりの中で、ＡＬＴ制度（ネイティブの英語指導助手が、日本人の英語の先生といっしょに授業を行う制度）が導入され、生きた英会話力を試されることが多くなった。学生時代にはあまり英会話を学ぶ機会の少なかった私達世代は大変であり、種々の研修に参加、積極的にコミュニケーション能力を高めるよう努めた。ＡＬＴと工夫した共同授業、職員室での会話、時にはお互いの家庭に招待し合ったり等、彼らを通して生の世界文化に触れることができ、楽しい思い出となっている。

生徒の指導では、一人の生徒の問題を学年間、学校全体の教師で考え、問題解決にあたったことが印象深く残っている。「我こそは……」と思っている人もいるであろうが、私はどんな人でも一人の力は微々たるものと考える。一人で悩み、一人で抱え込むのは危険である。幸い私の勤めた多くの学校では、難問解決にあたり、先生方が協力的で開放的で、時には一枚岩となって取り組むことができたように思われる。一人の生徒の問題をみんなで考え、多方面からその生徒に接し、向かい合っていけたことである。ある先生は厳しく接し、ある先生は優しく、穏やかに話を聞いて気持ちをほぐしてやる……等。（家庭・子育てもこんなものではないでしょうか。）

現在、パソコン等の導入により、現場の雰囲気も大分変わってきたということを耳にするが、やはり人間教育の原点は、教師も生徒もお互いの信頼を土台とした心のつながり、絆にあると思う。ＩＴでは解決できない心の触れ合いの場を大切にして、心を開いて欲しいと思っている。教師集団の良いところに良い教育が成立することを、身をもって実感できた気がする。こうした中で、私自身もいろいろ教えられ成長してきたと思う。先生方に助けられ、沢山の良い想い出を作り、健康のうちに退職できたことは、本当に幸いであった。今でも当時の先生方、生徒たち、父母等との交流も続いており、私の財産となっている。

今は趣味を同じくする人達と、充実した日々を味わっている。緊張した生活を卒業した後なので、穏やかな今の生活がより一層楽しく、大切なものに思われる。

振り返ればワーカーズコープと二十年

平田迪子

ワーカーズは、自分達で出資し仕事を作り労働をし、そこで生じた利益を分配する生産生活協同組合です。イギリスで発展したこの働き方が一九八〇年前後して日本でも生協（消費生活協同組合）を組織した人々を介して各所で試みられ、現在では、介護、配食、出版、パン屋、インターネット関連と多角的に事業が拡がっています。

高校で時代を見つめ社会を見直すことを学んだ私が大学に入って授業より先に体験したことは一九六〇年安保闘争でした。新聞部の先輩と日米安全保障条約（安保）について毎日議論したのでした。しかしながら安保が国会を通過した六・一五（その日は樺美智子さんがデモ上で死亡するという痛ましい日でもありました。）あたりから、私は組織の中での運動から遠のきます。当時、サルトル、ボーボワールに代表される実存主義哲学が学生たちの愛読書であり、「カミュ・カフカ・アンドレブルトン」といった仏文学が映画界、演劇界にまで影響を及ぼしていたのでした。そこで語られる存在とは、不条理とは、自立とは、という事柄が新しい感動として自分を刺激しました。世の中では、まだ女性の機会均等も女性参画はできたばかりでした。そんな時私は一冊の伝記を古本で手に入れました。『シモーヌ・ヴェイユの生涯』、薄い本です。ユダヤ人高校教師の彼女は理論を自分の肉体や人格を通して理解しようとしました。工場労働者として働き、組合運動に加わり、農婦となり、レジスタンス運動を経験し社会の奥底にひそむ人間性を追求し続けました。三十四歳の短い人生でした。シモーヌの生き方は、その後の私の人生の支えとなりました。

結婚して子供が小学生になった時、朝日新聞に連載された有吉佐和子の小説『複合汚染』を読んでのショックは忘れられません。合成保存料AF2や殺虫剤、B.H.C……その他食品添加物が相乗してガンの発生や奇形児を生むというその事実と実態。

成長期に入る子供たちの未来に不安を覚えた私は生協に加入しました。しかしながら生協で活動していても、どこか自分に確証が持てないでいました。

日本は常識と言う言葉・風潮があって、そこから自由に物を言う、行動することが厭われているという感じがつきまとっていたのです。一九七二年に主人とアメリカに一週間出かけます。ニューヨークのメトロポリタン美術館の階段に座り、電線のない空を見上げていた時、前日のペンフレンドのエネルギッシュな歓迎を受けたことも要因したのでしょう。何故か「はっ」と理解したのです。「私は間違っていない。思ったことをやろう。悩むことはない」と。帰国してから私は精力的に生協活動に加わるようになりました。農薬を調べる、平和運動を行う、組織の未来を論じ合う、生活の中で自分の一歩を踏み出したのでした。

気付けば、生協の中堅理事となり、路上で粗悪な輸入食品を訴えたビデオがアメリカ農産物輸入反対のプロパガンダとして日本中を回り、テレビに放映されたりもしたのでした。

一九八九年でした。先輩たちが始めたワーカーズを手伝ってくれないかと声がかかりました。ワーカーズは事業体でありながら運動体として、その意味を探りつつ人を大切にした運営を目標にした理想的な作業形態として活動する人々の中で期待されていました。

友人たちに声をかけ軽くはじめたこの活動が、私の後半の人生の大半を占めるようになるとは！　誰でもが自由で、責任を分担する形態はすばらしい。だが自分たちで組織を組み立てる実践のむずかしさ、新しい働き方の模索、民主、平等という言葉の裏に含む矛盾、ワーカーに考え方を如何に浸透したらよいか、そして女性自体のむずかしさがある。任されて十八年、営業許可書を取得し調理師となり、他のワーカーズの連絡会を立ち上げ、そして法人格を得てと、振り返ると六十歳を超していたのでした。

現在二十名、年間二千五百万円弱の微々たる収益の中から税金を払い、収支、メニューの研究、人員の管理、トラブルの解消と毎月反省し活動を練り上げる。一人ひとりのメンバーが自信に満ちて分配金（給与）を得る、そのはずんだ声を聞く時、ワーカーズをやってよかったなあと瞬間喜びがよぎります。

そして次のステップは何か、やってくる老齢を前に如何に立ち向かうか、課題はつきません。

働くことが幸せ

丸橋邦子

未だに毎日が仕事中心に動いています。

外に出て働くと生活のリズムもあり健康で過ごせます。働く場があるということはとても幸せです。時々辞めたいと思うことはあっても、ありがたいことと思っています。

土、日曜日以外は動きがとれないという日々ですが、時々旅行に行ったり、大阪に嫁いでいる次女のところへ出かけたり、舞台を観に行ったり、音楽会に行ったりと過ごしています。

年と共に楽しいことが少なくなっているような気がします。子供達が成長して、張り合いがないのかもしれませんね。未だ仕事をつづけられることの幸せを思いながらも、何かに夢中になれることはないか、と模索してもいる近況です。

思いのままに

小林和子

私は高校卒業後、何になりたいとか、どの道へ進みたいとか希望も何もなかった。母は心配して、「これからは女性も人に頼らず自立できるように、何か手に職をつけるのも良いことだね」「服装の道・料理の道・美容師の道もいいねぇ」とアドバイスしてくれた。私は皆嫌いでどうしょうか迷いましたが、東京へ行きたい一心で、山野美容学校へ通い、美容師になりました。

姉達がやっていたので、安心だったのかもしれません。でも今になってみれば、間違っていなかった。ああ良かったと思えて、母に心から「どうもありがとう」と、感謝の気持ちで一杯です。姉のお店で十年修行し、お店を持って三十六年になります。ここまでこれたのも、お店に来てくださるお客様・家族の協力・それに一緒に頑張ってくれるスタッフのみんなに支えられて、こんなに永く続けられることが出来、本当に感謝です。

家のすぐ近くに、スポーツクラブができました。高校時代からスポーツは苦手、無理と信じ運動は大嫌いでした。でも今通ってみて、あれ？　やる気になればできる、楽しい。

学生時代は、やっぱり怠けていたんだなあ、と今になって悔いが残ります。何でも努力し挑戦する気持ちがあれば、少しはできたのかな、もっとその時その時を真剣に頑張ればよかったのにと後悔しています。

九十五歳になる主人の両親が寝てから、夜八時半頃から二時間くらい、主人と一緒に通っています。一つくらいは同じ趣味や興味を持つことは、話題もあり仲良くいられる秘訣かも知れませんね。

知らず知らずに溜まっているストレスの解消と心のリフレッシュができ本当に楽しいです。

不平不満ばかり言っていたら、暗くなり前へ進めませんものね。

今、自分のおかれている立場を冷静に受け止めて、その中から自分の夢や目標を持って、生きて行けたらきっと生き甲斐のある楽しい人生を、送れるのではないかと思います。

これからは、のんびり気楽に、日々を過ごしたいと思っています。

年経るごとに

石野礼子

四十年《よそとせ》の日々うめるべく来し方を我ら語れり清夏のひと日

首都圏在住のクラス会の時のことを詠んでみました。私が短歌をはじめたのは三年前でまだまだ皆さんに披露するほどのものではありませんが、来し方、行く末を詠んで自分の足跡とすることができたならと、講座（我孫子市短歌講座）に入りました。学生時代の不勉強がたたり、文語、文法、旧仮名づかいと頭を悩ませることが多く、特に語彙のなさ感性の悪さに自分自身驚いています。何度も辞めよう、と思いましたが、「継続は力なり」とばかり頑張っています。

高校卒業後二年してから学校に行ってこの道に入り、幼児教育にたずさわって定年まで勤めました。いろいろのことがありました。この頃のことを思い返し短歌にしました。

白砂をまぶし固めた土だんご庭に子どもの秘密の場所が
音楽の不得手な吾が教へをり子らが奏づるリズムパレード
吾に向きハーモニカ吹く園児らは右に左に鏡見るごと
鬼となり部屋べやまわる吾に泣き豆をまきまき逃げゆく園児
病む吾子を一人寝かせて出でてこしクラスの子らに笑みて向かひぬ

定年まで続けられたということは自分のやりたい仕事だったからかもしれません。仕事にしろ趣味にしろ長く続けられるのは伊女の教育にあったような気がします。子どもは親が、青年は教師が、中年は社会が老人は自らが育てると日野原重明が言うように私も知らないうちに教師に育てられていたのではないかと思います。「実るほど頭をたれる稲穂かな」の精神や、「今日をどう深く生きるか」と言った教えが蓄積されそれが基となり私の来し方、行く末の道すじになっているような気がします。

「この今を生きよ」と教えし師のことば年経るごとにすりよりてくる

これからは私も老人の仲間に入り、自らを育てていきたいと思っています。

昭和十七年に生まれた私が平成十七年を迎えた時

井田芳枝

私は当時伊勢崎銘仙が盛んな機屋の娘として生まれ、恵まれた環境の元に育ったように思う。兄や姉にかわいがられ、幼い頃より背の低かった私は二つ下の妹に、たちまち追いつかれ追いこされ、お揃いの洋服とお正月にはお揃いの着物で双子のように過ごした。依頼心の強い甘えんぼな少女として成長した。

高校生でも本人の意思はともかく、映画館等どこでも中学生として通ったし、それなりに幸せな時代だった。そのまま社会に出てからも百人近い人達が一緒に入社したにもかかわらず、配属された部署は同世代のいないひとまわりも上の人達で構成されていた企画室。今の時代とは大分違い、のんびりした良い時代だった。私は〝夢見る夢子さん〟のまま、ポーッとした大人として年を重ねてしまったように思う。

伊女の一年後輩の友と平気で休暇届を提出し、当時あちこちにあったユースホステルを利用し、北海道、房総半島、三浦、伊豆、そして大島等を良く旅をした。たくさんの人と出会い、楽しい青春時代を過ごし幸せな一時期を送っていた。

そして、恋をし、それ故の悩み、苦しみとまっこうから向かい合う日々を送り……結婚した。三人の子供にも恵まれ、忙しく子育ての生活を送り、妻として母として、私は一生懸命毎日を過ごしていた。

六十歳を過ぎ、不器用な私が絵手紙の仲間に入り、下手は下手なりに描く楽しさを知り、又、朗読奉仕会で朗読にも挑戦、これから少しずつ新たなことに向かって進もうと考えていた。そして迎えた平成十七年春には、姉、妹夫婦と熊野古道を旅し、那須高原の新緑を楽しみ、夏には家族で岐阜へ、その帰りの車に思いもかけない電話があった。五日間の予定で穂高連峰へ行っていた義弟の滑落死との電話、旅に出ての四日目の出来事であった。

私達は急遽長野へ向かうこととなった。

検視に立ち会う為、県警の方から、「損傷がはげしいので覚悟して会って下さい」と何度も言われ、私は会った。信じたくはなかったが、義弟に違いなかった。

涙は出なかった。昔、母が姉妹ゲンカで泣きわめいた時、〝いっぱい泣きな、本当に悲しい時は涙が出ないんだよ〟と悲しいことは、これで終わりでなかった。

十月に入って悲しみを忘れるように和倉温泉を楽しんだ私たちだったのに、その月の末に急に胸、脇腹の痛みを訴える主人、病院嫌いの主人をやっとの思いで、市内の総合病院に連れて行き、整形、内科と診ていただき、結果異常なし。「年をとると、色々なところが痛くなるでしょう、痛み止めを飲んで様子をみて下さい」との診断だった。

でも主人の痛みは日を追って増し、十一月別の総合病院に救急車で運ばれ、胸椎、腰椎圧迫骨折で即入院となりました。それからは検査の毎日が続き、出された診断結果は、血液の癌、多発性骨髄腫だった。平成十七年は涙も出ない悲しみで終わる。〝異常なし〟の診断はどういうことだったのか？

二月に入り、病状が落ち着き、医師の判断の元、現在家で治療中。私は今、主人の専任看護師。わがままな患者に頭にくることもしばしば。でも「家が一番いい」と、そして口下手な主人が、マンガでも言わないような言葉「お前は俺の太陽だよ」等と言って、単純な私を喜ばせたりもする。

そして今、そんな私達を支えてくれる、兄、姉妹、親籍、友達、近所の方々、趣味の仲間、たくさんの愛をいただき、心強くありがたい感謝の気持ちで満たされている。

絵手紙も朗読も今は全て止め、主人と共に毎日を送る。少しずつあたたかさが増す今の季節のように、少しずつでも元気になり、新緑の五月、娘の花嫁姿を共に喜びうれし涙を、と願っている。

六十五年の歳月の中で

飯野登久枝

人はこの世に生まれ来る時、神様は一枚の原稿用紙を下さるというが、私は、その原稿用紙にどんな文字で人生模様を綴って来たのかしら、と振り返る。山あり、谷ありの色んなことも歳月の経過とともに自己消化出来、「こんなものだろうな。とりたてて言うほどのこともない平凡な道なんだ」と思えてきた。「平凡」を広辞苑で見ると「なみなみで特にすぐれた所のないこと」と記してある。

自分の職業に幕を下ろして商家に嫁ぎ、子供を生み、育て、いつしか子供等も離れ、家業を守りながら自分達の時を得たといった大きな流れ、その折々に肉親や知人、友人達に支えていただきその流れも滞ったり、速くなったりしながらここまで辿り着いたのは幸せと言っても過言ではない。

私はここ十数年来、介護に明け暮れる日々で、人生の終焉を色々なかたちで学んでいる。亡き義父とのこと。下の世話も終わり、その作業で二人とも疲れてベッドに腰掛けホッとするひと時、無口になった義父が「ありがとう、こうしておまえと居る時が一番幸せなんだョ」とひと言。幸せを感じる時は、お互いの心の通じ合う極めて単純なものだ。不思議なことにこの言葉で過去の蟠りが全て流れてしまい、今は懐かしさのみ蘇ってくることに感謝している。

実家の両親も八十の半ばをとうに過ぎた。母は箸も持てず、ベッド上での日々で全てに介護を必要としている。病を持った父が「夫婦だから俺が介護するよ、親も面倒を見てもらったしナ。一人の寂しい生活は嫌だ。俺が面倒見るから家に戻ってほしい」と言うことで、昼はヘルパーさんに午前、午後二時間来ていただきお世話になっている。近くにいる妹夫婦に物心両面の応援を得、名古屋に居る弟家族から週一、二回の愛のコールが届き、私の日曜介護というサイクルで在宅介護が始まり三年になろうとしている。

穏やかな日には、父は軽くなった母をベッドから抱きかかえ、陽だまりの廊下で手入れの行き届いた庭を眺めながらお茶を囲む、といった和やかなひとコマもある。

夕餉の時には「一杯やるか」と盃に酒を注ぎ「お父さん、本当においしいネ」と妹より届いた一品を加えてベッドの側で摂る食事、これが至福の時だと言う。これで明日の力が出ると言う。

自分の体力と闘いながら、早朝より掃除、洗濯、食事作り、下の世話と日に変わることのない作業にストレスも溜まり、時には大爆発することもあるが、父はそれ以上に孤独を嫌がった。広い部屋で一人で食事をし、会話の少ない日々、それなりに趣味を多く持っていても周囲に知人、友人が居なくなった現実を嫌ったのだ。

両親は戦争という大きな怪物に翻弄され、その影からも解放されて得た平穏な生活もつかの間、今は老々介護の日々だが、「俺たちの人生は幸せだ」と言う。本当に感慨深いものだ。

テレビでも熟年離婚が放送され、巷でも簡単に離婚する昨今、本当にこれでいいのかなと小首を傾げてしまう。

世の中、人口も減少傾向にあり、少子高齢化社会が進む今日、介護する者の狭間で明快な答えの出ない介護の現実、多様な施設、そして形態も様々にあり、それを利用する機会も多くなってきた。自分でもそうであるように、子供や周囲に迷惑を掛けないよう最後は施設に入るから、とたやすく言うが、本当はそう言うことにより自らを納得させているのではないかしら、と心の奥を覗いてみるこの頃です。

今日、人生八十五年、私の余命は二十年もある。これから先どう綴りたいのかと自問してみた。

私もこれまで同様に、自営業というローカル線に乗り、家族の健康を願いつつ時には絵画教室に、時には陶芸教室に停車し、心の糧を養いながら安全運転で、その生活を持続する努力こそ自分には一番似つかわしいのではないかと思えてきた。

そして、時が過ぎ、どこにでもある平凡な人生だけど幸せだったと言えるようにしたい。

花を見る

宮澤規子

平成十七年一月のある日のこと、母に聞いた。「今年お誕生日がくると九十歳になるんだけど、なにか感慨ある？」母は言う。

「完璧」とひとこと。「みんなによくしてもらい長生きできて、うれしくてしょうがない」ですって。

初冬のいい日和に「お母さん、庭へ出てみる？」「そうね、いい日だね。」と外を見る。元気な足元のしっかりした人なら、すぐ動けるが母はウォーカーを使い一歩々々歩く。

まず帽子、靴下を身につけて、ゆっくりと靴をはく。そんな時もウォーカーにつかまらせ、しっかりとはかせる。段差もウォーカーをささえて足を一段ずつおろす。老人車というのか、あれを押すのは以前から好まない。私が押してゆく、花のある所とかパンジーの盛りを見せる。春バージョンと言って妹が植えていったものだ。色のとり合わせがとてもよく老人車にかけてしばらく見ていた。

そばに植えられているブルーデージーか、四季咲きのかわいい花のこと、なんどもなんども尋ねられる。聞かれる度に教えた。
連翹を持った母や、桜の花といっしょに撮った母の写真が手元にある。晩秋のも磯菊を持って撮った。庭にいる母である。

玄関に桜花落いたり旅の傘
我もまた残雪消えぬ山の客
蝉時雨木立をぬける風とあり
陽をうけて紅葉ひときわあかく燃ゆ
遠き日を想いて我もゆず湯かな

両親を見送って

板垣映子

庭の臘梅が満開の二〇〇六年二月十八日、父（八十九歳）、母（九十三歳）を見送り八日間が過ぎました。いつまでも親は若く側にいるものだと思っていましたが、父母も一日一日と老いが目にみえてきて、母は四ヶ月前に転んだのが原因で腎臓機能が悪くなり、二ヶ月後は毎日毎日点滴となりました。入院中「私が歩いたら、先生がびっくりするよね」胸をさして「どこも悪い所はないのだから」と言っていました。九十二歳まで何を食べてもうまいうまいと言い、洗濯、食器洗いもし、そして楽しそうに私の美容室のお客様と話していた姿が目に浮かびます。父は母が入院してから口には出しませんが淋しそうでした。

その後、父は週二回デイサービスに行っていました。一月十六日デイサービスに行っている父に黄胆が出ているとのことで迎えに行き、その日のうちに入院しました。十九日に母の容態が悪くなり、主治医から「あと数日です」と言われました。その日に、父の病状が末期ガン、あと一ヶ月、長くて三ヶ月の命と告知されました。妹と二人で涙がとまらず、父の顔をみることができませんでした。今まで何でも食べ、足腰は弱いがどこも体は悪い所がなかったのに……。

入院中、父は好きな果物、甘い物、お水、ヤクルト、牛乳を飲んだり食べたりできたのがなによりでした。「痛かったら痛いと言ってね」と言うと首を振り「大丈夫なんだなあ」と答える。せめて痛くなりませんようにと、妹と二人で心の中で祈っていました。私の友人が病室に来ると「いい友達をもって幸せ！」「ありがとう！」「感謝！」といつも言っていたそうです。

子供二人には「痛い、つらい」を言わず、「これで寝たらもう朝になるから」と必ず言ってました。父が入院中、母が一月二十八日に九十三歳で亡くなりました。本当に仲のよかった二人なので母のことは知らせまいと密葬にしました。入院して一ヶ月後、父は本当に本当に静かに他界しました。

母が亡くなって十九日目でした。二月十八日に合同葬を行いました。とても静かな暖かな日でした。この四ヶ月は長いようでもあっという間でした。目に浮かぶのは元気だった二人の姿です。人の一生ってこういうのだなあと思いました。病人の看護も初めての体験でした。そして二人から本当によい一生だったということを学びました。父母の写真はとても元気で最高の時の写真を選びました。二人の写真が毎日見守ってくれています。

私もその両親に見守られて早や半世紀以上が過ぎました。苦しいことは消え、幸せな人生だと思っています。今、自分の仕事（美容院）と世界のアムウェイに出会って、素敵な仲間にかこまれて幸せです。人間って幸せになるために生まれてきたのですから、元気で夢に向かって進んでいきます。そして夢は世界旅行と社会貢献です。いつまでも元気でピンピンコロリが理想です。

子らが安心して育っていける環境にと

金井さこう

一昨年の夏、六十三歳の夫を癌で亡くしました。思ってもいなかったことだけに、一年間の看病と、その後の雑用でゆとりの持てない日々でした。一年半すぎた今も、心の整理がつかず、これからの私自身の生活の不安もあり、まだ私も健康ですので働ける場所は見つかると思います。がんばって楽しいことを見つけながら、生きていこうと思っています。

娘が去年の暮れから出産のために帰っていますが、二歳になった孫娘がとても愛らしく、日々の悩みを忘れさせてくれます。娘も無事男児を出産して、毎日が我が子を育てていた時よりも忙しいのです。今はこの子らが安心して、育っていける環境に世の中が変わっていくよう、そのためにならどんな協力も惜しまないつもりです。

岩上登志子さんを思う

小関雅乃

岩上登志子さんとの出会いは、今から五十八年も前のことです。

昭和二十三年四月、小学校（群馬県勢多郡荒砥村立荒砥南小学校・現前橋市立二之宮小学校）に入学、夏休みが終わった二学期登校してみると、二クラスだった私達の学年が三クラスになっていて、クラスも担任の先生もすっかり変わっていました。

新しいクラスで初めて登志子さんにお会いしたのです。以来、高校卒業までの十二年間、同じ学舎に学び、社会に出てからも亡くなるまで親しくしていただいたのです。

私達は赤城山の南麓、関東平野の北端の純農村地帯の村で育ちました。目に入る風景は水田と桑畑ばかりで、現在のような高速道路が走り、住宅団地や工業団地ができるなど考えも及びませんでした。こんな中で私達はのんびりとゆったりと育まれた気がします。

登志子さんのご家族は、ご両親・祖父母・妹弟と叔母さんの八人でした。ご家族の話題はいつも、誰よりも自分を可愛がってくれたおばあさんと又、姉とも慕う若く美しい叔母さんのことでした。勉強に対する態度や生活態度は、この叔母さんの影響が多大であった

制服姿で（右・岩上さん　左・小関さん）

と思います。

学級委員を務め、常にクラスの中心でまとめ役でした。成績は抜群、運動も得意で運動会では毎年リレーの選手で大活躍でした。勉強ばかりではありません。休み時間ともなれば外に出て、ドッヂボール・鉄棒・なわとび・まりつきなど、雨天の日には廊下の隅でお手玉・おはじき・綾取りなど何でもしました。放課後や日曜日にもよく戸外で遊びました。今の小学生には考えられないことです。

こんな思い出があります。

四年生のある春の日曜日、登志子さんと二人、又、別の級友宅へ遊びに出かけました。そこで思いがけない楽しい体験をすることができたのです。素封家であるその級友宅では、まだその時代には珍しい〝イチゴ〟を栽培しておられました。畑に豊かに稔ったその実を自由に摘んで良いとのこと、欣喜雀躍として山ほど摘んでいただいて帰ったことでした。

後年（中学一年）、音楽の授業で「イチゴ」という歌を教わりました。

一、白雲うかんだ　あの丘のぼり
イチゴの畑で　イチゴをつんだ
その友いまなく　あの日は遠い
イチゴが熟れると　思うよ友よ

二、緑にかすんだ　あの丘のぼり
イチゴの畑で　イチゴをつんだ
あの日を思えば　悲しみ胸に
せまるは思い出　あの日の調べ

子ども心にも何と悲しい歌かと思って歌ってましたが、登志子さんが亡くなったとき、胸に強く蘇りました。それ以来私は、積極的にイチゴを食べることはありません。

とりたてて変わったこともなく小学校を卒業し、（卒業式の日二人そろって、学校から勉強したことに対しての賞状をいただいたことも、心に残る小学校の思い出です）、昭和二十九年四月、中学校（荒砥村立荒砥中学校、卒業時は城南村立城南東中学校・現前橋市立荒砥中学校）へ進みました。この頃から著しい復興の兆しが見えて、私達の暮らしも少しずつ豊かになってきたように思います。

中学校の三年間はクラスは別れましたが、クラブ活動で登志子さんはソフトボール、私はテニスを隣同士のコートで練習したので、毎日のように顔は合わせていました。登志子さんのプレーは華麗で実に見事なものでした。

三年生の夏休みにそれらスポーツの大会は終わり、いよいよ本格的に高校進学の補習授業が始まり、一緒に授業を受けました。又、個人的にも何人かで勉強しましたが、その甲斐あってか、二人とも高校に入学することができました。

三年間自転車を並べ、勉強以外に悩みごとなどない時代でしたから、映画や読書の楽しい話ばかりしながら通ったものでした。

高校時代の登志子さんのことは、同級生の皆さんはよくご存知のことですので省きますが、背の高い登志子さんはいつも後からにこにこと静かに見守ってくれていました。

社会に出てからは、金融機関に勤務され、持ち前のまじめさで、仕事に打ち込み、上司の方から絶大な信頼と期待を寄せられたと聞いています。

昭和五十六年十月八日、私達は悲しい知らせを聞くことになります。この日から登志子さんとは幽明境を異にしました。小・中・高の多くの同級生は、涙して登志子さんをお送りしたのです。

今、元気でいる私達は白髪も増え、孫を迎える年齢になりました。でも登志子さんは、相変わらず若々しい笑顔で写真の中から、私達を見ていてくださってます。私はその笑顔から更に元気をいただいて、もう少しこちらで何かの役に立ちたいと思ってます。

ご冥福をお祈りしつつ。

登志子さんに寄せて

れんげ田にころび遊びし友逝きて蓮華に座しぬ木の芽雨降る

つぶらなる赤き苺を悲しかる手のひらにのせただに見つめる

ひそやかに去りにし面影しのばせてりんと咲くなり白き山茶花

今、平穏に

川上和代

二十数年前のことになりますが、事業に失敗した主人が突然家出してしまい、残された夫の母と、三人の子供達と共に、私は目の前が真暗になりました。母は長年住み慣れた家屋敷を失い、現在の借家に移って来た時、「私はもう抜け殻で、燃えつきて灰になってしまったようだ」と、嘆き悲しみ、生きる気力を失い、とうとう心臓病を患ってしまいました。あんなに気丈だった母がすっかり気弱になってしまい、闘病八年目に、私の勤める病院で亡くなりました。母が亡くなるまでの間、突然家出した夫のことを心配する心労と、私に対する申し訳なさが、看病を受ける母の態度から痛いほど伝わってまいりました。残された母の面倒を見るのは、長男の嫁として当然の役目であり、母の意に添うことが一番の親孝行と腹に据え、仕事に看病に必死に生きてまいりました。しかし、中学生になったばかりの次男は、大好きな父親が急にいなくなり、大きな心の拠り所を失ったためか、急に荒れ始めるようになりました。

その次男が一番先に結婚をして二人の孫を授かり、上の孫娘は小学校四年生、下の孫は二年生になりました。父親中心の家庭で孫たちは心やさしく育っている様子で、ひと安心です。

一昨年十二月、中国から突然主人の急死の知らせが入り、長男夫婦と遺体を引き取りに生まれて初めて中国に行ってまいりました。主人は働いたお金で中国で食品の工場を作り一旗上げるまでは帰れない思いだったかと思いますが、やっと製品が出荷出来始めた時、仕事中に心臓の大動脈破裂で倒れて一時間の命で本当にあっけなく、潔く逝ってしまいました。葬儀を無事すませた後の何ヶ月は、言っていただくささいな言葉が胸にささって、「私のこの哀しみは誰にもわからない」と、自分の中に閉じこもってしまいました。その度に「俺は現状がどんなにきびしくてもいつもプラス思考だから」の主人の言葉を遺言と思ってこれから生きて行かなければと自分自身に言い聞かせてきました。

そして昨年九月三日、嫁いだ娘が待望の男の子を出産いたしました。私には主人の生まれ変わりの様に思えて、いとおしくてなりません。娘婿のご両親を始め、九十歳を過ぎたお元気なおじい様、おばあ様からも心から祝福されての出産でございました。願っても願っても叶わないのが世の中と体験してきた私には、ただ事には思えず、本当にお陰様と感謝に思えてなりません。

今年は地域の一番大変な年番のお役が廻ってきました。若泉神社と東本庄稲荷神社の神事を行う役です。地域の方と交流の少ない私ですが、ありがたくさせていただくの心で、至らないながら、精一杯努めさせていただくことにしました。

今まで六十四年間生きてこられたことが本当にお陰様です。自分のことで精一杯だった私が、残された人生、人様のお役に立てたらうれしいと思います。笑顔を忘れずに前向きに生きて行きたいと思っています。

元気です！

井上うめ子

血圧が少々高めで、心不全が軽くありますが、元気で仕事に、習いごとに励んでおります。中国二千年の歴史を誇る気功マッサージ（一子伝承）の陣運浩先生に師事して、マッサージの資格を取得しました。また、気功は中国四大行方をマスター、気功拳を終了して、民謡、歌もやっています。どれもこれもみな心不全、血圧を重くしたくない気持ちからです。とにかく年をとったら、下肢（丹田）まで空気を入れて腸を強くしてと、健康に気をつけて毎日を忙しく過ごしています。

流れのままに

岡崎毬子

これまでの自分は、自然に逆らわず、迷った時はしばし立ち止まり、思案ののち「よし」と思った方向に歩んで来ただけなのです。もっと積極的に行動できたらと思ったことは何度もあります。しかし、性格的なものでどうしょうもありません。この先も、流されるままに過ぎていくのでしょう。つまらない道を歩んで来てしまったと今更考えても、戻るわけにもいかないのです。

高校卒業後の十一年間は、社会人生活を送ってきました。この期間は、結構情熱的に充実していました。今では、何かととりざたされていますが、国民年金制度の創成期ともいえる時期にその仕事に就いていました。百円・百五十円（三十五歳以上）の保険料で、主に自営業者を対象に、老後の年金をと制度が発足しました。その頃の福祉年金を国からいただけると喜んでいました。たとえ、百円・百五十円でも払っていけば将来年金が受けられて明るい老後が得られる、その一端に係わる仕事を誇りに思っていたものです。

結婚し、退職後は家庭を守り子供を育てるのが自分の仕事と考え、三人の息子を育てて来ました。当時、共働きしながら子育てをされている方もいましたが、私にはとても無理なことで、それは考えられませんでした。

昨年（平成十七年）の夏、同窓の方々に久し振りにお会いした際、皆さんパワーを持ってそれぞれの方面でご活躍されているのには、頭の下がる思いでした。高校時代に、情熱を持って学習や興味を持って取り組んでいた方々は、ずっと事を進めていくのだなと思いました。どうしてかなと考えるのですが、私は高校時代のことは、あまり記憶の中に残っていません。生活してきた姿勢の中には、どこか影響を受けている部分もあるのでしょう。

時間のできたいま、動けるうちにあちこち見ておこうと思っています。近所の人達と、出掛けることを楽しみに計画をするこのごろです。地図を見るだけでも楽しいものです。この先、何年できるかわかりませんが、その先のことは、そこでまた考えながら生きていきましょう。

四十五年あれこれ

新井節子

私は伊女を卒業すると同時に東京へ出ました。「これからの女性は技術を身につけることも大切です」と、祖母の厳しい中にも将来のことを心配してくれました優しい後押しもありまして、洋裁学校へ入学いたしました。短時間で多くの技術を会得しようと、内容もよく理解しないままに選んだコースはとんでもないところでした。男子服の製作に何年も携わった人や学校の先生、洋裁店に勤めた人などプロをめざしている人達の中に飛び込んでしまったのです。

伊女時代には家庭科の授業中にミシンの針に糸を通すこともできないで恥ずかしい思いをした記憶があります私が、この人達と一緒にやってゆくなどスタートからとても無理がありました。授業が始まると直ぐに専門的な言葉が出てきたりして何もわからない状態でした。「阿左美さんどうしましたか」と声をかけられますが「わかりません」「できません」の連発でした。ついには助手の先生一人がつきっきりになりまして個人指導の有様でした。卒業まで二年間でしたがまわりの友人と同じように製作できるまでに成長したのには、自分ながらびっくりでした。これには厳しい指導と先生や友人の温かい同情（?）があったからと思っております。大きな声では言えませんが、休日にも遊びに出掛けず頑張った（当時は宿題が多すぎて出られなかったのです）努力のかいがあったからと私自身密かに確信しております。

卒業してすぐに桐生の野本文化服装学院にお世話になり、八年間勤めました。はじめの頃は、生徒といっても年上の人や同年代の人達でかなりの苦労をいたしました。それでも学院の旅行（北海道や東北から四国、九州まで行きました）など大いに楽しみました。現在は、学院長も亡くなりまして学院そのものが閉鎖され寂しいかぎりです。一時は女性の園として光り輝きそのスタッフの一員として、私自身も揚々としておりました（?）。この一番良き時代に夫とめぐりあいまして結婚いたしました。

以来四十年近く専業主婦として子供達を育て孫にも恵まれて何の不満もない生活を送っておりますと、堂々と胸を張ってみたいところですが、なかなかそんなわけにはいかないのが現実です。

只今少しだけ残念なことは健康でないかな？　と思われる身体の状態です。毎月一度、高崎国立病院へ通院治療中です。病名は長々しいものが付いておりますが、心臓に少々異常があります。やがては治るでしょうと思っておりますが、それよりも病院の方に不安があります。国立病院（正式には独立行政法人国立病院機構高崎病院です）と立派な名前を名乗っておりますが、天井には太い数本のパイプが走っていたり、はたまた診療待ちは薄暗い廊下の片側に長椅子が置いてあり、これに座ってじっと待っているのです。よくなる病気も治らないのではないかと一人で勝手に考えてしまいそうな古い病院の建物です。

ですが、「四年ほど後には新しい病棟が完成し、近代的な治療器具も導入されよりよい治療ができますよ」と、担当医のお話でした。「私の身体はそれまで大丈夫でしょうか」とお聞きしましたところ担当医曰く「私が治療しているうちは徐々に快復に向かっているので心配ありませんよ」とおっしゃって頂いたのも束の間、この先生は今年十月に他の公立病院は移動なされてしまいました。「さてさて私はどうしたらよいのでしょうか」不安やら心配やらでどっと汗が吹き出てきましたが、次にこられました担当の医師が、「ゆっくり治しましょう」と明るく丁寧にその上親切に診てくださいまして、再び安心して通院できそうです。暫くは病気と仲良くしながら気楽に生活してゆくつもりです。

こんな平凡な生活の中でも、春には木々の芽吹きを感じ、秋には山々の紅葉に誘われ移りゆく自然の変化に感激すると共に、流れゆく雲をながめ、日々健康に気を付けて主人と共に静かに生活を楽しんでゆくつもりです。

あのころ、そして今

外園あさ子

鶴舞の地形の群馬より、比方、鶴の飛来地、鹿児島、出水（いずみ）に降りたって、早三十年余りになりました。今では新幹線が開通し空港へも直行バスの便もあり、三十年前とは、すっかり様子も変わりつつあります。言葉の不自由さも深く考えずに、両親、姉達も遠く離れる妹を気遣ってくれましたが……。主人の故郷、出水に脱サラで帰郷、この地で小さな会社を設立しました。全くゼロからの出発でした。山あり谷ありの生活の中で、幸いにも恵まれないと思っていた子供に恵まれ、三男一女を授かりました。子育ても大変でした。つくづく実家が遠いことが悔やまれたこともありましたが、自分で選んだ道だから頑張るしかない、と自ら言い聞かせて頑張りました。苦労も沢山あったけれども、子供たちからもたくさんのよろこびや、勇気をもらいました。

その子供たちも、今、末息子を除いて、上の三人はそれぞれの地で家庭を築いています。親としてほっと肩の荷が降りた、というところでしょうか。

ふり返れば、四人の子育てに懸命になっていた、あの頃は病気らしい病気もせず、不思議なほど元気でした。気持ちの張り、というものでしょうか。

家族のために費やしてきた時間が長かったのでこれからは、少し自分のための時間を作り、いつまでも生き生きと、こころ豊かに年齢を重ねる努力をしたいと願っています。

指　輪

伊藤美恵子

中学校の頃、私の両親をよく知る友達のお母さんが私を見て、あの子もお父さんとお母さんに似ればね……と言ったと友から聞かされ、いたく自尊心を傷つけられた記憶がある。

たしかに両親は目鼻立ちの整った細面の顔立ち、私は隔世遺伝で父方の祖父に似てしまってエラの張った四角い顔、目は一重、鼻は丸い。

でも一つくらいは似るところができるらしく、私の手は父親そっくり。若い頃、電車に乗って痴漢に狙われるのは胸でもお尻でもなくつり革につかまっている手、その白魚のような自慢の手も、年を重ね世の荒波にもまれてみる影もなく節くれだった。最近左手の薬指にはめた指輪が、付け根ではクルクル廻るのだが、節が太くなって抜けなくなってしまった。心なしかはれて痛い。

何の変哲もない金の指輪だが、父と母の結婚五十年の金婚式の時、父が自己流ではじめた彫金の技術を生かして、子供とその連れ合いに指輪を作って、プレゼントしてくれた思い出の品物なのだ。

真面目で無口で威厳に満ちた明治の男の鑑のような父であったが、六人兄弟の五番目に生まれ、上も下も男という私にはやさしかった。待ちわびてできた女の子だったので可愛さがひとしおだったようで、兄達には絶対しなかったそうだが、勤めから帰って来て、私を抱いて（当時、桜町という町の真中に住んでいたので）街をひとまわり散歩するのが日課だった、と後年母が話してくれた。

私の今までの人生も決して順風満帆だったわけではないが、何かにつけて私の指で父が守ってくれているようで、貰ってから一度も外せないでいるが、その父も亡くなって十七年。そろそろファザコンからも卒業、と指輪を切断することにした。

いざ切断と決心したが、はたしてどこで切ってもらえるのか見当がつかない。外科？　メガネ屋？　電話帳で調べたら宝石屋さんがあった。早速聞いてみると切ってくれると言う。「おいくらくらいかかりますか？」と尋ねると、「困っている方からお金はいただけません」と言う。タダも困るなとは思ったが、とにかく父からも早く解放されたいとお店をたずねた。けっこう手間取ってどうにか指輪は薬指から外れた。何かホッと軽くなった感じ、これで父から独立した。

するとお店のご主人が、「この指輪どうします」と聞いてきた。私は切れたままタンスの引き出しにでもしまっておこうと思っていたので、「エッ、どうにかなりますか」と尋ねた。ご主人は、「うちはこれを商売にしております。継ぎ足してまた完成品にします」と答えた。私も馬鹿な質問をしたものだ。宝石屋さんだもの、作るのはあたりまえ。「切断料はいらない」と言われたのでそのまま帰るわけにもいかず、お礼の気持ちも込めて作り直してもらうことにして、修理代を聞くと、いとも軽々と「そんなにかかりません」とのこと。私は一瞬頭の中の計算機がカシャカシャと動き、二、三千円なら切断料に丁度いいのでなどと自分に都合よく納得してしまった。

家に帰って主人に話すと「宝石屋のいくらもいらないというのは桁が違うぞ」とおどかされて、できあがるまでの何日間か不安な気持ちで連絡を待っていた。

できあがった指輪はピカピカに磨かれて、父が作ったものよりも本物っぽい。最初に尋ねた時には店主は愛想もなかったが、指輪をはめてみた私の手を見て、「手がきれいですね」などと無理なお世辞を言ったりしている。

そして気になる修理代は六千五百円、まあ高くもなく安くもなく、というところか。

かくてまた、父の指輪は私の指に戻った。

人生の歩み

清水泰子

昭和三十年代、私達は若さにあふれており、元気いっぱいの青春時代でした。将来の夢や希望もありました。やがて好きな人と巡り会い、結ばれて結婚生活が始まりました。

しかし、家庭に落ち着いて嫁となってからは、一日中何をするのも嫁だから我慢、遠慮、忍耐でした。舅様、姑様に一歩下がってなにかと気遣いながら我が子を育てた何十年でした。

今は子ども達も大人になって、社会で働きながら好きな人と結婚し、親から巣立ってゆきました。お姑さんは九十五歳、母親は九十四歳です。二人にはいつまでもそのままずっと長生きしてもらいたいと願っています。

私は孫の誕生でおばあさんになりました。今日まで無事に過ごせたのは親からもらった丈夫な体のお蔭と感謝しております。昔のように元気はつらつとは言えません。そろそろあれこれ危険信号の現れる頃です。自分の体をチェックして、十分注意して過ごしたいと思っています。

私が楽しんでいることはストレッチダンスです。いつでもどこでも年に関係無く、体を動かして音楽のリズムを聞きながらストレッチを行う遊びの体操です。この先、介護の世話にならぬよう大いに頑張って心身を鍛えようと思っております。昨年のNHKの朝の連続テレビドラマ「ファイト」をご覧になったでしょうか。あの「ファイト」に負けず、ファイターで行こうと思っています。毎日赤城山を背にしてファイトを燃やしています。

待春

磯貝チカ子

六十五歳を前にして、シンプルに生活出来ないものかと考えている。家の中を見廻すと無用の物というより、それが無くてもなんら生活するのに不自由を感じない物の多さに驚いている。

シンプルな生活は、処分することからというわけで台所用品の整理から始めた。和洋食器、鍋、ナイフとフォークのセット等、頂き物やら結婚式の引出物が箱に入ったまま物置の棚にビッシリと詰まっていた。これらは、そのままそっくり来日して十年、日本で生活を始めた時に必要な物だけ買っただけという三十代のアルゼンチン人のスペイン語教師のご夫婦にもらっていただいた。

六十歳で舅、姑を見送り残された写真の整理の大変さを思い出すにつけ、主人と元気な時に自分達の物は責任持って処分しておこうと話しているのだが、一枚一枚思い出があって、なかなかはかどらない。

洋服は引越しの度に処分してきたのだが、自分でお金を出して買った物だけにそう簡単に捨てられない。少々流行遅れでもサイズが合えばまだ着られると仕舞い込む。七十代になったら、時々着物を着ようかと思うと、姑の残した茶箱に納まったままの着物に風を入れなくてはと気になってくる。こんなわけで当分シンプルな生活になりそうにない。

先日、知人から海外旅行のお土産にスカーフを頂いた。白地にパステルカラーの絵の具を、チューブからそのまま筆でペタペタと白い生地に押し当てたようなモダンな柄で、「もう直ぐ春です。春は華やかにいきましょうね」と添え書きがありました。私はこの素敵なスカーフを巻いて颯爽と歩いてみたいものだと思うと、早く厚いコートを脱ぐ春が待ち遠しいと思うこの頃です。

大西洋横断中の船の中から

小黒君枝

その後お変わりございませんか。原稿の方は順調ですか。ご無沙汰して申し訳ございません。

日本を離れて四十日が経過し、船内の様子も分かり、いくらか落ち着いた余裕のある生活ができるようになりました。

当初はなにもかもが初体験で、船内の様子、イベント、仲間との語り合い、航海中の景色、寄港地での観光等、終日現実離れしたような感動の日々の中で、原稿のリミットも気になっていましたが、気持ちが乗らず、今日に至ってしまいました。

現在、アフリカ最南端のケープタウンを離れ、南米に向かい、大西洋を横断しています。他の船も見られず、大海を航海中。時々イルカ、アザラシに出会います。

そんな広大な中で、船上から見る朝日、夕日は格別です。

アフリカでは砂漠、サファリ等のドライブ体験の他、南アフリカ問題……難民、アパルトヘイト、エイズ、失業等について考えなければならないことを学び、歴史に興味のなかった私ですが、旅行するごとに、少しずつ関心を持つようになってきました。

世界史を良く理解していれば、もっと楽しくできると常に考えさせられます。

次の寄港地、ブラジル、アルゼンチン、チリ等についても同様です。船内で様々な現地の専門家、体験者のレクチャーがあるので、学ぶことも多く関心を持って来ました。そして、改めて地球上には本当に多数の民族が存在していることを知り、今後の短い人生は〝様々な国を訪れ、その土地の人々と少しでも交流ができれば…〟と夢を抱いています。

一応近況をお知らせ致します。

バレーボールに魅せられて

露崎　芳子

よいしょ、よいしょ！　毎週土曜日の夜、早い夕食を済ませて、七時前に、墨田区両国中学校の体育館の階段をかけ上がります。

その中学校は私の家から自転車で四～五分の所にあります。体育館は四階にあるのですが、普通の建物の七階くらいの高さはあります。その階段を上がるだけでもとてもいい運動です。

同じチームの私より四歳年上の先輩が、膝痛に悩まされ毎日接骨院に通っていました。その先輩が「この階段はどうにも上がれない」と言っていましたが、みんなに励まされ、また自らも努力して、その階段を上がって練習に来ています。ご主人には「両中（両国中学校）へリハビリに行って来るね」と言いながら。今では足の痛みも忘れ運動して、接骨院へは行っていないとのことです。

そんな階段を上がっての墨田区のお母さんバレーボール連盟に参加しています。一部二部と分かれていて、二部は年老いてもできるようにと、四十五歳以上、上は年齢制限なしという人達でやっています。

現在、若いコーチを迎え基礎から鍛えられています。私も主人の理解に感謝しながら、仲間のみんなに励まされながら、又、足の痛い友だちを励まし合いつつ、いつまで続けられるかがんばってみようと思っています。

何しろ、真冬でもバレーボールをして、汗をかけるということはとても素晴らしいことです。練習後、みんなでわいわいおしゃべりしながらお茶呑みをするのも楽しみの一つです。そして、夜十時ごろ、明日への活力になるように、願いながら帰途につきます。

地元の歴史に興味を

竹越正子

私は現在、余暇を使って、私の住んでいる地元、桶川市の歴史を勉強しています。この市に永住するつもりのその地の歴史を勉強するということはとても楽しいです。

私が今地元の歴史を学んでいるのは、考えてみると、後藤先生の授業から影響を受けて歴史に興味を持ったと思います。

趣味に生きて

佐古祥子

四十五年ってあっと言う間でした。

子供が幼稚園に通い始めて少し暇が出来たのを機会にアートフラワーに始まり、あちこちの友人に勧められるままに革細工、パッチワーク等へと色々手を出していきました。どれも珍しく、面白く楽しいもので毎日、時間が足りないと思う日々でした。

こうして、十年くらい経った時、母の介護のためにやむを得ず全てを中断しなければならなくなりました。母の介護は殊の外きつく、わずか数年でしたが、それまでの私は健康で病気とは無縁であったことからか無理をしすぎていたのでしょう。次第に体調を崩し、ついに脳梗塞と脳内出血に見舞われ、更に子宮癌と本当にダブルパンチでした。家族や友人に支えられ、助けられながら何とか言葉が話せ文字が読めるようになるのに二年かかりました。

この時、前から知ってはいましたが時間がなくて入ることの出来なかった はり絵 に入会したのです。それから二十年になります。

この間にも人間国宝の堀柳女先生のお人形を作ったり京雛を学んだりと、どれも楽しいものばかりでしたが、人形、京雛は早ばやと七年位で卒業しました。一方 はり絵 はいくらやってもまだ奥がありそうだと思えて、なかなか止められず現在まで続いています。一番私に合っていたのでしょう。

今の世の中、地球の災害に始まり、幼児事件、耐震偽装事件等々、自然も人の心も完全におかしくなっているのではないかと思います。そんな中でも、はり絵の紙を手にしていると、こうした嫌なことも皆忘れて楽しい時が流れていくのです。作品を手掛けながらも、これでいいのか、もう少し何とかならないのかなどと自問自答の毎日です。思い通りにならないながらもどうすればよいかと考える、それも又一つの楽しさであり、そうしてまずまずに仕上げた時の充実感は私にとって何物にも代えがたく、まさに最高の幸せなのです。

数年前、はり絵のさいたま展の時に来られた一人のおじいちゃんから、はり絵をやっているのだから水彩画でも油絵でもないもっと和紙の特徴を生かした画を考えて見ては……と言われて強いショックを受けました。そして考えさせられました。どういうのが和紙の特徴なのだろう……と、未だに確たる回答も見つけられずにいます。それは永遠の課題かも知れません。この「いつまでたっても答えが出ない」、これが逆にはり絵を続けられている一つの要因になっているのかも、と考えています。

今私は、はり絵 の他にも押花、洋裁、ヨガ、ミニテニスをやっています。これらのすべてが十年以上になりますが、はり絵にしても押花にしても、その他のものも人々のためにするものではなく、自分のためのものですから、楽しみながら同じ趣味の人達が集まり、人の話に耳を傾け、時には笑う、そんな人とのふれ合いの中から自分のあり方、生き方などを見つけ出すことが出来、そこから技術上のことばかりでなく、教養も高められ、一歩ずつ前進して人生が豊かになったらなあと思うのです。

なかなか、そううまくは事が運びませんが、私は良い趣味をお持ちの多くのお友達に恵まれています。これこそ私にとって最高の宝物です。お蔭様で毎日が悔いのない心豊かで充実した日々を送っています。

最後に、元セゾン現代美術館の秋吉和夫先生の勧めで、平成十八年の二月、芸術百家、第二十二篇、新春版の百家芸術撰に私の作品を出しました。

三十歳と四十二歳の二度、臨死の経験をしながらも、その後の人生の中で趣味の集積として、また今まで生きて来られた記念にと軽い気持ちからです。時間がありましたら本屋さんをのぞいてみて下さい。

あとがきに代えて

平成十四年の秋の頃だったでしょうか。私たちの担任であった後藤亘宏先生の三回忌を兼ねたクラス会が、桐生の地で行われ、私たちは先生のご自宅近くのお寺へ行き、お墓参りをしました。その時、山門近くの、大地にしっかりと根を張り、空高く聳えている松の大木を見上げている私たちに、「ほら、みんなこの松のように生きなさいよ」と先生の声が聞こえてくるような気がしました。

その日、東京に帰る車中で誰となく、「後藤先生の本をまとめたいね」という話が出されました。

それから時が流れること三年余。平成十七年の六月にクラス会が行われたことを機に、改めて出版の話が持ち出されました。東京近辺在住の十数名が集まった席でも検討され、クラスの仲間たちで忌憚のない意見や助言が交わされました。そこには、自分を持っていて、自分のことばで自分の意見を述べる、伊女の校訓の一つ〝気丈〟な、そして自立したそれぞれの姿がありました。それぞれの人が地にしっかりと足をつけて、自分の道を歩んでいました。まるであの松の大木のようでした。

いざ、刊行が決まると、下手をすると文集やカタログになりかねないと不安でした。けれども、あの仲間たちの姿を思い浮かべた時、私たちは同じ土俵に立って何か大事なことを学んできている。それは何だったのだろう。あの教室は一体何だったのだろうと思いました。そして本書刊行の意義が明確になりました。

私たちが入学したころの伊女は、確か校門がなく、校風も自由で、服装検査などなかったと記憶しています。校庭にコスモスの花が咲き乱れていた風景が今でも私の目に浮かび、そのことがなぜか伊女の自由さと重なるのです。

森村正美先生から、〈生徒会の自主活動を重視した〉と伺いました。きっと生徒たち一人ひとりにプライドを持たせ、自立した生き方を求められたのでしょう。また、〈形式にはこだわらない、形式をくだらぬと思える人間を育てられればよい〉と先生方が考えられていた、とも伺いました。長い教員生活の中で伊女に居た時が一番楽しかった、伊女の十年間で大変勉強させてもらった、とおっしゃる森村先生。岩崎先生からも同じようなことを伺いました。

このような教師集団のもとで高校生活を過ごせた私たちは、とても幸せだったと思います。

二〇〇五（平成十七）年度、「清明・和順・気丈」を校訓とした私たちの伊勢崎女子高等学校は九十年に及んだ歴史にピリオドが打たれ、男女共学の伊勢崎清明高等学校と変わりました。奇しくも本書が企画された年であり、高校を卒業してからちょうど四十五年目でのことでした。二十年間主婦業に専念していた私は、右も左も全く分からないままに、出版の世界に入り十八年目を迎えます。そんな私のところで本書を発行元とさせていただけたことは、私にとって大きな喜びです。「あの斎藤さんが！」といつもにこにこと温かい眼差しで私たちを見つめていた後藤先生はその目を丸くして驚かれていることでしょう。

最後になりましたが、唐突な原稿依頼にもかかわらず、快く原稿をお寄せくださいました先生方、ほんとうにありがとうございました。お蔭様で中味が豊かになりましたことを心から感謝いたしております。

また、このようにたくさんの原稿をくださった3Cのみなさん、さまざまにお力添えいただいた後藤恵子さん、そして貴重な助言をくださった鈴木寿子さん、ありがとうございました。

斎藤草子

四月二十三日

〈編者紹介〉

牛島光恵（うしじま・みつえ）
1942年　前橋市で生まれる
1957年　群馬県立伊勢崎女子高等学校入学
1960年　同卒業、東京都立大学人文学部入学
1964年　東京都庁入都
1982年　同退職
1985年　東京都女性情報センター入職
1993年　同退職、東洋英和女学院大学大学院入学
1995年　同修了
1999年　西武文理大学で教職につき、現在に至る。ジェンダー論、人間関係論等担当。日本女性学会、日本社会教育学会等所属

石井喜久枝（いしい・きくえ）
1942年　伊勢崎で生まれる
1948年　伊勢崎市立植蓮小学校入学
1954年　伊勢崎市立植蓮中学校入学
1957年　群馬県立伊勢崎女子高等学校入学
1963年　東邦音楽短期大学2部入学
1966年　桐生市立昭和中学校・音楽教師として教職に就く
2002年3月　退職
2003年　たけのこ保育園にてうたとリズムのピアノを担当、現在に至る。群馬音楽教育の会所属

上州の風に吹かれて ―〝気丈〟学校３年Ｃ組―

2006年５月30日　初版第一刷発行

編　者　牛島光恵
　　　　石井喜久枝

発行者　斎藤草子

発行所　一莖書房
〒173-0001　東京都板橋区本町37-1
電話 03-3962-1354
FAX 03-3962-4310
組版／四月社　印刷／平河工業社　製本／新里製本
ISBN4-87074-141-5　C3037